JEAN-PIERRE BORIS

(Un)fair Trade

Buch

Es ist längst kein Geheimnis mehr: Von Segen und Vorzügen der Globalisierung profitieren nicht alle Beteiligten gleichermaßen. Von der Elfenbeinküste bis nach Guatemala, von Vietnam bis nach Brasilien kämpfen die kleinen Bauern mit mächtigen multinationalen Konzernen, die ihnen ihre Ernte abkaufen, um unsere Supermarktregale damit zu füllen. Ein Kampf mit ungleichen Waffen. Produkte wie Kakao, Kaffee, Baumwolle, Reis und Pfeffer gehören mittlerweile so selbstverständlich zu unserem Alltag, dass man darüber leicht vergisst, auf welch verschlungenen Handelswegen sie in unseren Einkaufswagen gelangen. Jean-Pierre Boris verfolgt die Spuren des freien Handels vom Acker der Bauern über die Büros der Großgrundbesitzer bis hin zum internationalen Großhändler. Am Beispiel von fünf Produkten erläutert er anschaulich, wie der Handel in unserer globalisierten Welt funktioniert und zu welchem Preis. Ein kluges Plädoyer für Konsum mit Bewusstsein.

Autor

Der französische Journalist Jean-Pierre Boris ist Chefredakteur bei Radio France Internationale und Kenner der Materie. In einer Sendereihe mit täglich neuen Beiträgen kommentierte er über sieben Jahre lang die wirtschaftlichen und politischen Entwicklungen im Rahmen der Globalisierung sowie ihre Bedeutung für uns Verbraucher.

Jean-Pierre Boris

(Un)fair Trade

Das profitable Geschäft mit unserem schlechten Gewissen

Aus dem Französischen
von Hanna van Laak

GOLDMANN

Die Originalausgabe erschien 2005 unter dem Titel
»Commerce Inéquitable. Le roman noir des matières premières«
bei Hachette Littérature, Paris.

1. Auflage
Deutsche Erstausgabe Oktober 2006

Umschlaggestaltung: Design Team München
Umschlagfoto: Corbis/Calder (QA001143)
Redaktion: Antje Steinhäuser
KF · Herstellung: Str.
Satz: deutsch-türkischer fotosatz, Berlin
Druck und Bindung: GGP Media GmbH, Pößneck
Printed in Germany
ISBN-10: 3-442-15392-1
ISBN-13: 978-3-442-15392-3

www.goldmann-verlag.de

In Erinnerung
an Johanne Sutton
und Jean Hélène

Für
Sylvie und Adrien

Inhalt

Einführung

Wir alle haben in unseren Regalen eine Tafel Schokolade oder ein Glas Pfeffer, ein Päckchen Kaffee oder Reis stehen. Diese Grundnahrungsmittel gehören für uns zum Alltag. Es sind selbstverständliche Konsumgüter, an deren Herkunft uns nur die exotischen Klischees erinnern, die die Werbestrategen bemühen, um den Konsum anzukurbeln. Man muss nur wie an Aladins Wunderlampe ein wenig an der Oberfläche reiben, und schon tauchen tausendundeine Geschichte auf. Holen Sie Ihre Tafel Schokolade aus der Verpackung, und entfernen Sie das Silberpapier. Schon sind Sie in der Elfenbeinküste, dem weltweit führenden Kakaoproduzenten, dessen Reichtum und Stabilität offenbar der Vergangenheit angehören. Öffnen Sie das Pfefferglas, und Sie werden nach Vietnam versetzt, denn die Bauern dort haben alle anderen Erzeuger der Erde aus dem Rennen geworfen und diesen lukrativen Markt für sich erobert.

Bei diesen Massenkonsumgütern handelt es sich in erster Linie um landwirtschaftliche Produkte. Ihre Qualität und ihr Preis hängen vom Klima in den Produktionsgebieten ab, vom Einsatz von Dünger und von den Mühen, die der Bauer für die Bestellung seines Feldes aufwendet. Die Hauptfiguren dieses *Schwarzbuchs der Rohstoffe*, von der Elfenbeinküste über Guatemala und Birma bis Vietnam, wohin dieses Buch Sie entführen wird, sind und bleiben daher die Bauern, Pflanzer und

Erzeuger. Sie sind anonym und dennoch Ausgangspunkt mächtiger Wirtschaftskreisläufe. Zwischen dem Augenblick, in dem Kakaobohnen und Kaffeekirschen, Reissäcke und Baumwollballen ihre Felder und Dörfer verlassen, und dem, in dem sie sich in den Regalen der Supermärkte stapeln, wird eine Vielzahl von Vermittlern, Transporteuren, Exporteuren, Tradern, Importeuren, Veredlern und Händlern aktiv. Dieses Buch will diese Wirtschafts- und Handelskreisläufe sichtbar machen und ihre Entwicklung im Lauf der letzten Jahrzehnte aufzeigen.

Es wird hier also um Ökonomie, aber auch um Politik gehen. Ganze Regionen werden vom Anbau dieser Produkte bestimmt. Dutzende von Millionen Familien leben davon. Ganze Länder sind davon abhängig. Wer die Kontrolle über diese Produktionszweige hat, hat die Kontrolle über die Bevölkerung, über die Region, zuweilen über das ganze Land. Unter dem Pflug liegt die wirtschaftliche und politische Macht. Der Einsatz ist hoch. Manchmal wird um die Herrschaft über diese Felder und die Menschen, die sie bestellen, gekämpft. Solche Auseinandersetzungen können einen Bürgerkrieg bedeuten. Sie können den Staat auf Konfrontationskurs zu einem ausländischen multinationalen Unternehmen bringen. Weil es so einfach ist, gibt man oft diesen Fremden die Schuld für alle Übel.

Im Glaubenskanon der Dritte-Welt-Aktivisten der Sechzigerjahre, der heute von Globalisierungsgegnern wie der Eine-Welt-Bewegung, bis zur Karikatur verzerrt, wieder hervorgekramt wird, werden die Industrieländer und die dort sesshaften Großkonzerne sowie die internationalen Finanzmärkte zu alleinigen Urhebern aller Unglücksschläge erklärt, die über die Produzenten von Kaffee, Kakao, Reis und Baumwolle hereingebrochen sind. Selbstverständlich richtet der liberale Tsunami, der die Welt überzieht, Verwüstungen an. Selbstverständlich verursacht die Deregulierung der Märkte Probleme, wenn sie ohne begleitende Maßnahmen den schwächsten Volkswirtschaften, völlig unvorbereiteten Verwaltungsapparaten und ungebildeten Bauern aufgezwungen wird. Nur ein Blinder könnte das leugnen. Aber das ist nicht die Wurzel aller Übel. Inkompetenz, Unzuverlässigkeit, Faulheit der Führungskräfte und mangelnder nationaler oder regionaler Zusammenhalt führen genauso oft zu irreparablen Schäden, die durch die Naivität mildtätiger Aktivisten, welche den gerechten oder solidarischen Handel derzeit als der Weisheit letzten Schluss verkaufen, nicht im Mindesten eingedämmt oder auch nur korrigiert werden können.

Der Leser mag sich fragen, was uns zur Auswahl dieser fünf landwirtschaftlichen Rohstoffe bewogen hat, die in Entwicklungsländern angebaut werden. Er mag sich darüber wundern, dass hier nicht vom Erdöl die Rede ist. Abgesehen davon, dass all die politischen Katastrophen, Bürgerkriege und internationalen Kriege, die durch Ölvorkommen im Boden einer betroffenen Nation ausgelöst wurden, bereits ausgiebig beschrieben und kommentiert wurden, scheint die Organisation des Ölmarkts paradoxerweise von den Veränderungen der so genannten Globalisierung nicht betroffen zu sein. Gewiss, der Fortbestand der Erdölreserven ist immer weniger gesichert. Doch die Organisation des Ölmarkts hat seit der Ölkrise von 1973, der Wiederaufnahme der Produktion durch die Länder am Persischen Golf und der Machtübernahme der OPEC keine wesentlichen Veränderungen erfahren. Auch die hypermodernen Techniken, mit denen immer weiter von der Erdoberfläche entfernt in den Tiefen der Weltmeere nach Erdöl gesucht wird, die hochgradig ausgeklügelten mathematischen Modelle, durch die die Finanzierung der Operationen gewährleistet werden soll, und die wachsende Rolle von Investitionsfonds bei der Festlegung des Ölpreises haben die Machtverhältnisse zwischen Produzenten und Konsumenten nicht erschüttert.

Man könnte darin eine krasse Unstimmigkeit sehen. Bei genauerem Hinsehen erkennt man jedoch, dass die Herausforderungen der modernen Welt auf dem Ölmarkt eine geringere Rolle spielen als bei den Fragen, die durch die Umbrüche auf dem Kakao-, Kaffee-, Reis- und Baumwollmarkt aufgeworfen werden. Im Lauf meiner über sieben Jahre gesendeten Tageschroniken bei *Radio France Internationale (RFI)*, in denen ich mich mit den Rohstoffmärkten befasste, wurde mir klar, dass jedes dieser Erzeugnisse auf seine Weise für die Veränderungen der modernen Welt steht, für den Antagonismus zwischen Industrieländern und Entwicklungsländern, für die unausweichliche Verdrängung Frankreichs aus Afrika und den unaufhaltsamen Aufstieg der asiatischen Länder.

Dieses Buch will also weder ein Handbuch der Ökonomie noch ein alternatives Pamphlet sein, sondern vielmehr eine Reportage über eine Weltwirtschaft, in der sich zuweilen auch heute noch Archaisches und Modernität vermischen.

1.
KAKAO

Der September 2002 markierte wie jedes Jahr den Startschuss für die Kakaoernte, die Haupteinnahmequelle der Elfenbeinküste. Die Armee der Bauern machte sich an die Arbeit. Millionen von Händen begannen auf den Pflanzungen, die im Laufe der Jahre dem Urwald abgerungen worden waren, von Ost bis West damit, die Kakaofrüchte auf den Bäumen einzusammeln. Mit einem Machetenhieb wurden sie dann geöffnet und anschließend ausgenommen.

Die Bohnen trockneten mehrere Tage lang in der Sonne, bevor sie auf die Kleinlaster der Pistenfahrer geladen wurden, der ersten Mittelsmänner in der Kette, die seit fünfzig Jahren wachsende Mengen von Kakao von der Elfenbeinküste zu den Weltmärkten transportiert. Ein paar Ladungen waren bereits in den Fabriken von Abidjan und San Pedro, den beiden großen Ausfuhrhäfen, eingetroffen. Nicht viel, kaum dreihundert Tonnen pro Tag. Doch die Ladungen würden bald größer werden, und die ganze Branche bereitete sich darauf vor.

Die Chefs der großen amerikanischen und europäischen Gesellschaften, die den Wirtschaftssektor beherrschten, hatten mit einem Auge die Kakaokurse in London und New York im Blick. Mit dem anderen verfolgten sie angstvoll die Wechselfälle des politischen Lebens der Elfenbeinküste. Die Elfenbeinküste, früher ein Hort der Stabilität und löbliche Ausnahme auf dem ganzen afrikanischen Kontinent, hatte nämlich unglücklicherweise inzwischen mit dem Rest der Region gleichgezogen. Am 24. Dezember 1999 war Präsident Henri Konan Bédié durch einen Staatsstreich gestürzt worden und hatte außer Landes fliehen müssen. Dennoch hatte General Robert Gueï, der Urheber des Putsches, die Präsidentschaftswahlen im darauf folgenden Oktober nicht gewonnen. In einem Klima des politischen Aufruhrs war vielmehr Laurent Gbagbo, ein altgedienter Haudegen der Elfenbeinküste, zum Präsidenten der Republik gewählt worden. Doch das beruhigte die ausländischen Investoren, die eine Störung ihrer Geschäfte durch die politische Situation befürchteten, nur in Maßen. Und sie behielten Recht mit ihren Befürchtungen.

Tatsächlich war in diesem September 2002 in Bouaké, einer der großen Städte des Landes, zum Aufstand aufgerufen worden. A priori war das kein Anlass zu größerer Besorgnis für die Kakaoexporteure, denn diese Region im Norden der Elfenbeinküste ist arm und mehrheitlich islamisch. Die Böden sind zu trocken für den Anbau von Kakao. Die Bauern pflanzen dort Baumwolle an. Doch der Aufstand zieht Kreise. Die Rebellen drohen mit einem Marsch nach Abidjan, wo Laurent Gbagbos Machtposition offenbar wenig gefestigt ist. Dann allerdings schlagen die Aufständischen zuerst den Weg nach Süden ein. Sie nehmen Kurs auf Daloa, Vavoua, Gagnoa. Diese Orte mit ihren mit Schlaglöchern übersäten großen Teerstraßen und ihren Läden aus Holzbrettern oder festen Mauern kommen in den internationalen Nachrichten nicht vor. In der Geopolitik des Kakaos hingegen sind sie von herausragender Bedeutung, denn sie befinden sich im Herzen der Kakaopflanzungen des weltweit führenden Erzeugerlands.

Alle Exportfirmen haben dort ein Büro und Lagerhallen.

Dort finanzieren die Bankfilialen die Zwischenhändler und verteilen die nötigen Geldmittel für die täglichen Kakaoeinkäufe. In den Lagern türmen sich tausende von Säcken. In den Werkstätten werden die Lastwagen repariert, die die Waren anschließend nach Süden bringen, und die Motorräder wieder hergerichtet, mit denen man zur Regenzeit die Schlammlöcher der Pisten umfahren kann, die tief in den Urwald hineinführen.

Daloa einnehmen bedeutet Steuern erheben, sich bereichern und seinen Krieg finanzieren. Es bedeutet, dass man den Staat seiner wichtigsten Einnahmequelle beraubt. Am 15. Oktober fällt Daloa, das Nervenzentrum des nationalen und damit auch weltweiten Kakaohandels, in die Hände der Aufständischen. Die Bankfilialen werden geschlossen. In Shorts und Unterhemd konstatiert Nasser, eines der zahllosen libanesischen Zwischenglieder der Kette, von seiner Festung aus Zement und Satellitenantennen aus den Stillstand: »Wir kaufen gar nichts mehr.«

Die Rebellen wollen den Kakao

Die wildesten Gerüchte gehen um. Die Vorhut der Aufständischen soll bereits die Vororte von San Pedro erreicht haben. Dort waren angeblich Schüsse zu hören. In San Pedro, dessen Hochseehafen inmitten grüner Hügel liegt, die mit Kakaobäumen und Kaffeesträuchern überzogen sind. San Pedro, das durch eine dreihundertfünfzig Kilometer lange, bis vor kurzem gut befahrbare Autobahn mit Abidjan verbunden ist, die allerdings auf den letzten achtzig Kilometern inzwischen so stark beschädigt ist, dass man dafür drei Stunden braucht. San Pedro, von wo aus die Hälfte des ivorischen Kakaos außer Landes geht, in den Händen der Aufständischen? Die Bauern verkriechen sich ebenso wie die Zwischenhändler in ihren Häusern. Kein einziger Lastwagen ist mehr unterwegs. Kein einziges Kilo Kakao verlässt die Elfenbeinküste. Die Geschäfte der Exporteure sind zum Erliegen gekommen. Die Fabriken, in denen der Kakao gemahlen wird, einen Kilometer vom Hafen entfernt, sind lahm gelegt. Der weltweit führende Produzent: zurzeit nicht erreichbar. Was wird aus den Schokoladefabrikanten in Europa oder den Vereinigten Staaten? Wie versorgen sich Mars, Cadbury und Nestlé, die Großen auf dem Markt, mit Rohstoffen? Die Lieferungen aus Ghana und anderen Ländern Westafrikas, die der indonesischen Bauern der Insel Sulawesi, aus Papua-Neuguinea oder Lateinamerika würden nicht ausreichen. Im Jahr 2002 produziert die Elfenbeinküste tatsächlich vierzig Prozent der Welternte, etwa eine Million zweihunderttausend Tonnen. Sie ist unersetzbar.

Eine Welle der Panik bricht nun über die Börsen von London und New York herein, auf denen die weltweiten Kurse für Kakao festgelegt werden. Zwischen den Spekulationsfonds, die immer auf ein gutes Geschäft lauern, und den Branchenprofis, die sich vor größeren Kursschwankungen schützen wollen, indem sie Kakao »auf dem Papier« kaufen, wodurch die Preise mehrere Monate vor der Lieferung fixiert werden, entbrennt ein heißer Kampf um die Kakaopartien. Man reißt sich die Verträge aus den Händen. Die Kurse explodieren: 1600, 1800, 2400 Euro für eine Tonne.

Je weiter die Rebellen nach Süden in die Produktionszonen, Richtung San Pedro mit seinen drei Kais am Hafen, vordringen, umso mehr steigen die Kurse. Während die Exporteure zunächst ein saures Gesicht ziehen, macht Armajaro, eines der bedeutendsten britischen Handelshäuser, in dieser Hausse das Geschäft seines Lebens. Dessen Gründer Anthony Ward, ein großer Liebhaber des alpinen Skisports, hatte die richtige Nase. Ward, der als einer der besten Trader seiner Generation gilt, installierte seine Firma in einem prachtvollen Adelspalast aus dem Beginn des 18. Jahrhunderts unweit von Picadilly Circus in den neuen Vierteln, die allmählich von der Londoner City verschluckt werden. Tradition und Moderne gehen dort eine verblüffende Verbindung ein.

Vor ihren Bildschirmen und Telefonanlagen arbeiten dort Dutzende von Tradern in einem fünf Meter hohen Saal, dessen Simse mit Blattgold überzogen sind und von dessen Decke Kristallkronleuchter herabhängen, die des Schlosses von Versailles würdig wären. Früher kam die feine Londoner Gesellschaft zum Tanzen hierher. Heute tanzen dort Millionen von Pfund Sterling und Dollars unter der Regie von Anthony Ward.

Ward, der 1960 geborene Sohn eines Militärs, hat keinerlei Ähnlichkeit mit diesen Eierköpfen, die aus den besten britischen oder amerikanischen Universitäten hervorgehen und die Wolkenkratzer der internationalen Finanzwelt bevölkern. Er beendete seine Ausbildung mit achtzehn Jahren, als er bereits erste Erfahrungen als Kaufmann gesammelt hatte. »Ich war siebzehn«, erzählt er, »als die britische Admiralität aufhörte, Rumrationen an ihre Matrosen zu verteilen, und plötzlich mit einer Unmenge von Tonnen dastand, mit denen sie nichts anzufangen wusste.« Ward kauft sie zu hunderten auf, lässt sie entzweisägen und verkauft sie als Blumenkästen. Der erste Erfolg stellt sich ein. Aber diese Art von improvisierten Geschäften ist nicht nach dem Geschmack der Familie Ward.

Ein professioneller Berater empfiehlt ihm den Handel mit Rohstoffen. Er weiß nichts über die *commodities* – so das englische Wort. Dennoch eignet sich dieser Mann mit dem runden Gesicht, den rosafarbenen Hemden und den blauen Augen sehr schnell die richtigen Reflexe an. »Er neigt von Natur aus zu der Annahme, dass die Kurse steigen werden«, heißt es über ihn in London. »Ich bin von Natur aus Optimist«, korrigiert der Geschilderte. »Mein Beruf besteht darin, die Machtverhältnisse auf dem Markt zu analysieren und entsprechend den Schlussfolgerungen, die ich ziehe, finanzielle Risiken einzugehen.« Und Wards Analysen sind meist zutreffend. Zu Beginn des neuen Jahrhunderts ist er überzeugt, dass der Markt sich defizitär entwickeln wird. Er sieht eine Kakaoknappheit voraus. Um die zukünftige Nachfrage seiner Kunden befriedigen zu können, lagert Ward folglich zigtausende von Tonnen Kakaobohnen in europäischen Ländern. Er spekuliert ordentlich, denn er sieht die politischen Probleme in der Elfenbeinküste voraus.

Als im September 2002 in Bouaké der Aufstand ausbricht, hat Anthony Ward vierhunderttausend Tonnen Kakao gebunkert. Das Geschäft trägt ihm den Spitznamen *chocolate fingers*, »Schokoladenfinger«, ein. Als die Kurse ihren Höchststand erreicht haben, wirft er seine Vorräte auf den Markt und steckt dabei einen beträchtlichen Gewinn ein, der allerdings geschmälert wird durch die Verpflichtung, sein Spiel auf dem realen Markt durch eine umgekehrte Position auf dem Terminmarkt abzusichern. Zu den Grundregeln des Metiers gehört es nämlich, dass man sich vor finanziellen Rückschlägen und Analysefehlern schützt, indem man auf dem Finanzmarkt entgegengesetzte Investitionen eingeht. So gewinnt man in einem Bereich, wenn man im anderen Verluste macht.

Ward macht mit seinen Geschäften an der Elfenbeinküste Gewinn. Andere verlieren dabei, weil sie die agronomische und politische Entwicklung auf den Pflanzungen der Elfenbeinküste nicht vorhergesehen haben. Das gilt insbesondere für Nestlé. Der multinationale Schweizer Konzern hat zwar seine Augen überall, doch er war nicht in der Lage, die erhaltenen Informationen richtig zu interpretieren. Obwohl die Situation in der Elfenbeinküste sich verschärft und die Kurse zu steigen beginnen, glauben die Manager in Nestlés Firmensitz in Vevey nicht an eine Kursrallye. Die Trader am Ufer des Genfer Sees wollen lieber abwarten, bevor sie kaufen. Es folgt die ewige Geschichte von der Trendwende, die sich nicht einstellt. Nestlé wartet so lange, dass in den Fabriken die Vorräte auszugehen drohen.

Schließlich ist man gezwungen, im schlimmsten Moment zu kaufen. Symptomatisch für die vergiftete Stimmung an der Elfenbeinküste ist, dass Ward und seine Geschäftspartner von der Presse in Abidjan beschuldigt werden, sie hätten den Aufstand finanziert, um die Kakaopreise in die Höhe zu treiben und ihre Dividenden zu kassieren. Sie dementieren empört und kategorisch. Im Übrigen werden diese beleidigenden Unterstellungen nie irgendwie untermauert. Doch auch die Ivorer profitieren von der rasanten Kurssteigerung des Kakaos in London. Die Ernte 2002/2003 bringt dem Land eine Milliarde siebenhundert Millionen Euro ein. Jeder kommt dabei auf seine Kosten, der Staat und, wenn auch in geringerem Maß, auch die Pflanzer, deren Einnahmen in diesem Jahr um ein Drittel steigen.

Dabei bleibt Daloa gar nicht lange in den Händen der Aufständischen. Die FANCI, die Streitkräfte der Elfenbeinküste, gewinnen die Kontrolle über die Stadt rasch zurück. Auf keinen Fall will man dabei zusehen, wie diese Rebellen die Goldquelle Kakao ausplündern. Schnell wird Laurent Gbagbo die Unterstützung der französischen Regierung zuteil. Präsident Chirac knüpft wieder an die von dem Sozialisten Jospin vernachlässigte Tradition an und schreckt auch nicht vor einer Intervention zurück. Wenn die Elfenbeinküste ins Chaos stürzt, wird der gesamte afrikanische Kontinent destabilisiert. Die französischen Truppen eilen dem ivorischen Präsidenten als Waffenbrüder zu Hilfe. Sie beziehen Stellung in Abidjan, aber auch im Dschungel und bilden eine Demarkationslinie zwischen dem Norden und dem Süden des Landes. Die Rebellen werden aus den Kakaoanbaugebieten vertrieben. Sie werden nach Bouaké zurückgedrängt. Mag ihnen die ivorische Baumwollproduktion in die Hände fallen, aber nicht die des Kakaos, der für die Wirtschaft des Landes zu wichtig ist. Schließlich haben drei Viertel der aktiven Bevölkerung des Landes dort ihren Arbeitsplatz. Der Kakao erbringt zwanzig Prozent des jährlich produzierten Nationaleinkommens.

Währenddessen versucht man, im Außenministerium am Quai d'Orsay in Paris die Lage an der Elfenbeinküste einzuschätzen. Eine Gruppe französischer Universitätsangehöriger wird mit einer Untersuchung betraut. Man bittet sie zu erklären, warum es in der Elfenbeinküste so weit hatte kommen können. Warum versagt in diesem französischen »Protektorat« jede Kontrolle? Warum werden in dieser Oase der Stabilität die schlimmsten Fehler gemacht, warum stürzt sie in die schlimmsten Krisen? Die französischen Diplomaten drängen die Professoren. Kennen sie das Land nicht schon lange? Sind sie nicht Spezialisten für seine Volkswirtschaft, seine Landwirtschaft und seinen Kakao? So wird die Untersuchung binnen eines Monats abgeschlossen. Und die Schlussfolgerung lässt keinen Zweifel: »Die kurzfristigen Liberalisierungsmaßnahmen, die der Elfenbeinküste in den letzten Jahren aufgezwungen wurden, haben weder zu einer Verbesserung der Lebensbedingungen auf dem Land noch zu einer Eindämmung der Krise in den Städten geführt. Vielmehr haben diese Reformen einen Legitimationsverlust des Staates bewirkt. Sie ließen die sozialen Frustrationen sich ungehindert ausbreiten, die einen fruchtbaren Boden für die ethnisch motivierten Auswüchse der Neunzigerjahre liefern.« Diese Reformen, allen voran die Privatisierung der großen ivorischen Wirtschaftssektoren, haben gewiss nicht den Zusammenbruch der Elfenbeinküste bewirkt. Doch sie haben den Marsch zum Abgrund begleitet und orchestriert. Und sie haben denen Argumente für einen Kampf geliefert, die ohnehin nach einem Anlass dafür suchten.

Leben und Tod der »Caistab«

Die Elfenbeinküste übernahm den Zentralismus französischer Prägung und errichtete einen starken Staat mit fest verankerten Institutionen. Félix Houphouët-Boigny übte vom Eintritt in die Unabhängigkeit 1960 bis zu seinem Tode 1993 die ungeteilte Regierungsgewalt über das Land aus. »Der Alte«, wie er genannt wurde, stand in jungen Jahren an der Spitze einer Organisation von Kakaopflanzern und betrieb unermüdlich den Ausbau der Kakaoindustrie als Rückgrat der Wirtschaft seines Landes; die gelben, roten und orangefarbenen Kakaofrüchte wurden zu dessen Lunge; die daraus gewonnenen Bohnen zu dessen Blut.

Die Bauern wurden zu großflächigen Rodungen des Waldes ermutigt. Roden und noch mehr roden, lautete die Devise. So viel und so sehr, dass vom Urwald der Elfenbeinküste im Jahr 2000 nur noch jämmerliche Bruchstücke übrig sind. Auf dem gerodeten Land siedelt die ivorische Regierung Einheimische, aber auch sehr viele Einwanderer an. Hunderttausende von

Bauern aus Burkina Faso lassen sich in der Elfenbeinküste nieder. Anfänglich arbeiten sie für die Baoulé oder für die Bétés, zwei Stämme im Süden der Elfenbeinküste. Später machen sie sich selbstständig und spielen eine herausragende Rolle bei der ökonomischen Entwicklung des Landes.

Die Libanesen organisieren die Kette der Zwischenhändler, die heute wie damals die Kakaoladungen aus dem Landesinnern zu den Häfen eskortieren. Diese Libanesen, die oft als die Profiteure des Systems gelten, zahlen manchmal die Zeche für die sozialen und wirtschaftlichen Spannungen, die sich Ende der Neunzigerjahre entladen. Allerdings weniger als die Bauern aus Burkina Faso, die Opfer schlimmster Übergriffe werden. Doch es ist ebenjene Bevölkerungsmischung aus unterschiedlichen Herkunftsländern, die den Erfolg des ivorischen Bauernmodells ausmacht.

An der Spitze dieses Gebäudes steht Félix Houphouët-Boigny; hinter sich hat er eine Organisation, die die gesamte Kakaoproduktion der Elfenbeinküste kontrolliert. Es handelt sich um die »Caisse de stabilisation«, die Stabilisierungskasse, ein Erbstück der französischen Kolonisation. Für alle Ivorer heißt sie die »Caistab«. Welche Rolle spielt sie? Sie soll das finanzielle Gleichgewicht der Kette gewährleisten, den Exporteuren Frachtquoten zuweisen und Steuern erheben. Auf internationaler Ebene garantiert sie, dass die Lieferverträge, die drei, sechs oder neun Monate vor der Ernte zwischen Exporteuren und Industrieabnehmern abgeschlossen wurden, auch eingehalten werden. Der Staat bürgt mit seinem Wort. Durch seine Intervention können die Verkäufe gestaffelt und eine regelmäßige Versorgung des Marktes gewährleistet werden. Dadurch werden allzu heftige Kursfluktuationen vermieden, die nur schwer zu handhaben wären.

Wenn also die Kurse auf dem Weltmarkt den Exporteuren große Gewinne bescheren, dann zieht die »Caistab« einen Teil davon ein. Wenn die Kurse umgekehrt unter die Wasserlinie fallen, dann stellt die Kasse Schecks aus. So bleiben die Exporteure liquide, und die Bauern erhalten den vor der Ernte für jedes Kilo Kakao festgelegten Preis. Dadurch wird ein zufrieden stellender Lebensstandard auf dem Land gewährleistet. Die Kritiker dieser Zuschusspolitik sehen darin ein Mindesteinkommen, das die Produktionskosten nicht berücksichtigt. Es handelt sich um einen »politischen« Preis. Rein wirtschaftlich gibt es keinerlei Rechtfertigung dafür.

Die Macht der »Caistab«, die zum Zeitpunkt ihrer Gründung nur eine unbedeutende Rolle spielte, wächst unaufhörlich. Sie wird zu einer zentralen politischen und ökonomischen Institution der Elfenbeinküste. Dank der Stabilisierungskasse, die alles sieht, alle kontrolliert und alles verwaltet, dank der Einheitspartei, die ihre Mitglieder unter den Bauernführern rekrutiert, kann Präsident Houphouët-Boigny das nationale Territorium mit ihrem Netzwerk überziehen. Falls nötig, kann er die eine oder andere Bevölkerungsgruppe »schmieren«, um Unmut im Keim zu ersticken. Mit anderen Worten, er hat das Land fest im Griff.

Bis zum Jahr 1985 scheint das System perfekt zu funktionieren. Die gerodeten Anbauflächen vervielfachen sich. Jedes Jahr werden die Kakaofrüchte von September an geerntet, mit der Machete aufgeschlagen und von ihren noch glitschigen Bohnen befreit. Diese Bohnen fermentieren einige Tage, anschließend lässt man sie trocknen. Oft in der Sonne auf einer Plane am Weg- oder Straßenrand. Manchmal auf dem Dorfstrand mitten unter den Hütten, wo die Männer sich zum Schwatzen treffen, während eingeschüchterte Kinder in respektvollem

Abstand einen Kreis um sie bilden. Dann werden die Kakaosäcke von den *pisteurs* am Straßenrand eingesammelt und zu den Lagerhallen der Zwischenhändler geschafft, die oft Libanesen sind und nun direkt oder indirekt die Beförderung der Ware in die Fabriken der Hauptstadt übernehmen. Dort werden die Säcke geschätzt und gewogen. Weh dem, der zu feuchten Kakao abliefert. Dessen Ware wird nicht abgenommen. Anschließend werden die Säcke gesäubert, Unreinheiten entfernt, die Bohnen klassifiziert und für den Export nach London, Rotterdam oder New York erneut in Säcke verpackt. Ein Teil des Kakaos wird auch direkt in den Fabriken von Abidjan und San Pedro gemahlen, wo er zu Kakaobutter oder Kakaomasse – den Grundzutaten für Schokolade – verarbeitet wird, bevor er zu den großen Schokoladeherstellern in den Industrieländern gelangt.

Wie in allen Fabriken der Welt, vielleicht aber mehr noch als andernorts, treffen in denen der Elfenbeinküste zwei Welten aufeinander. In den Fabrikhallen im Erdgeschoss schuften die Arbeiter inmitten von Lärm und Staub; auf den darüberliegenden Etagen stellen die ivorischen oder europäischen Manager, Dauergäste auf dem Flug Abidjan–Paris oder Abidjan–Genf, ihre Eleganz und ihre Vornehmheit zur Schau. Immerhin arbeiten sie wirklich. Denn im System von Félix Houphouët-Boigny ist es nicht nötig zu arbeiten, um vom Kakao zu profitieren. Es genügt, dass man zum erlauchten Kreis der Günstlinge gehört. In diesem Fall kommt man in den Genuss einer »Kakaoquote«, man wird »Quotenbezieher«. Jedes Jahr wird diesen Begünstigten eine bestimmte Menge Kakao zugeteilt. Zehn-, fünfzehn- oder zwanzigtausend Tonnen, je nach dem Grad an Gunst, den sie bei den Behörden genießen. Zwei- bis dreihunderttausend Tonnen werden so verteilt. Ist die Ernte eingebracht, so genügt ein Anruf bei den Exporteuren, um diesen

Anteil zum von der »Caistab« festgelegten Preis weiterzuverkaufen. Das nennt man eine gesicherte Rendite. Die glücklichen Bezieher können so in Europa leben, ohne sich um ihre Zukunft Sorgen machen zu müssen.

In den Sechziger- und Siebzigerjahren laufen die Geschäfte blendend. Die »Caistab« erfüllt ihre Funktion perfekt. Die Geschenke an Freunde fallen nicht ins Gewicht. Doch die Elfenbeinküste produziert zu viel. Kakao wird zur Monokultur. Er dominiert klar die ivorische Volkswirtschaft. Ab dem Jahr 1983 übersteigen die Ernten die Nachfrage auf dem Weltmarkt. Die Kurse in London purzeln. 1985 ist die »Caistab« nicht mehr in der Lage, ihren Verpflichtungen nachzukommen. Normalerweise müsste sie Milliarden von CFA-Francs auszahlen. Doch die Kriegskasse ist leer. Viel zu viele haben sich daraus bedient, im kleinen oder im großen Stil. Die Einnahmen aus dem Kakao wurden zum Schmieren des ganzen Landes benutzt. Die schwarzen Kassen des Staats und die des Präsidenten Houphouët-Boigny wurden großzügig daraus gefüllt. Und als sich ein steifer Wind erhob, wurde die ivorische Grille kalt erwischt. Der Staatschef in seinem Palast in Abidjan ist außer sich. Die Schuldigen sind schnell ausgemacht. Sie sitzen sämtlich außer Landes: Es sind die Exportkaufleute, die Industrie, die Trader, mit einem Wort: der Markt.

Félix Houphouët-Boigny erträgt es nicht, dass der internationale Preis für Kakao sinkt. Er weiß, dass das finanzielle, ökonomische und politische Gleichgewicht des Landes daran hängt. Wenn die Kurse zu stark und zu dauerhaft fallen, wird er die Kontrolle über die Bauern verlieren. Das wird sich auch in den Städten niederschlagen. Die Zukunft der Elfenbeinküste, ihre Stabilität hängen vom Kurs des Kakaos ab.

Das ist der Grund, weshalb Félix Houphouët-Boigny 1988

dem Kakaomarkt den Krieg erklärt. Wenn man dank einer so mächtigen Institution wie der »Caistab« ein Drittel des auf dem Weltmarkt verkauften Kakaos produziert, wenn alle internationalen Vermittler und Zwischenhändler sich zerreißen und Ihnen aus der Hand fressen, um Ihre Bohnen zu bekommen, wenn die mächtigsten von ihnen bereit sind, stundenlang im Vorzimmer des Präsidenten zu antichambrieren, dann gibt es keinen Zweifel daran, dass man eine Trumpfkarte in der Hand hat. Der ivorische Präsident beschließt also, den Markt auszutrocknen und eine Knappheit hervorzurufen.

Dahinter steckt eine einfache Überlegung. Wenn man der Industrie zweihunderttausend Tonnen Bohnen verweigert, ein Drittel der ivorischen Produktion, dann wird Panik ausbrechen, und die Kurse werden explodieren. Ohne sich um die seit langem in Abidjan niedergelassenen Exportfirmen zu scheren, verbündet sich Houphouët-Boigny mit der französischen Gruppe *Sucres et Denrés*, besser bekannt unter der Abkürzung »Sucden«, damals eine der Galionsfiguren des internationalen Handels mit Grundnahrungsmitteln. Ihr Begründer Maurice Varsano machte ein Vermögen mit kubanischem Zucker. Mitten während der Kubakrise 1962 gewann er die Gunst Fidel Castros: Er schlug dem *lider máximo* vor, seinen Zucker zu einem höheren Preis als auf dem Weltmarkt zu kaufen, und brachte so die kubanischen Exporte unter seine Kontrolle.

Fünfundzwanzig Jahre später versucht Serge Varsano, der Erbe des Imperiums, in die Fußstapfen seines Vaters zu treten. Er setzt sich gegenüber mächtigen angelsächsischen Konkurrenten durch. »Eine regelrechte Schlacht unter Größenwahnsinnigen«, so kommentieren manche der Beteiligten das Geschehen fünfzehn Jahre später. In dem Buch *La Guerre du Cacao*, das 1990 von drei französischen Journalisten veröffentlicht wurde, wird die Angelegenheit im Einzelnen geschildert. Die »Caistab« erhält die Anweisung, vierhunderttausend Tonnen Bohnen, also zwei Drittel der ivorischen Ernte, an die »Sucden« zu liefern. Varsano verkauft die Hälfte und lagert den Rest ein, um die Kurse in die Höhe zu treiben. Ein geschickter Schachzug. Trotz der Baisse der Kakaokurse sind die gelagerten zweihunderttausend Tonnen eine Milliarde damaliger Francs wert.

Auf Anordnung von François Mitterrand unterstützt der französische Staat das Manöver. Ein Kreditrahmen von 400 Millionen Francs wird freigegeben, um die kostspielige Lagerung der zweihunderttausend Tonnen Kakaobohnen zu finanzieren. Das offizielle Argument ist wohl bekannt: Man will zur Sanierung der ivorischen Finanzen beitragen, einem alten Freund in einer unpässlichen Lage helfen.

Doch leider ist Félix Houphouët-Boigny in jenem Jahr 1988 das Glück nicht mehr hold. Er ist ein alternder Mann, der sich auf seine Überzeugungen versteift. Serge Varsano wiederum, der Chef der »Sucden«, besitzt weder das Talent noch die Kompetenz seines Vaters. Er kennt zwar den Zuckermarkt gut, auf dem man in Dutzenden von Millionen Tonnen kalkuliert, nicht jedoch den Kakaomarkt, wo Transaktionen über Dutzende von Millionen Tonnen alles zum Kippen bringen können. Der Markt reagiert genau entgegengesetzt zu den Erwartungen. Die Händler spielen das Spielchen des Präsidentenpalasts und der »Sucden« nicht mit. Nicht genug damit, dass der Kakaokurs nicht steigt, er fällt auch noch Woche um Woche. Im Übrigen hätte selbst der unerfahrenste Börsenmakler den zwei Pokerspielern erklären können, was passieren würde: Der Kakao lagerte schon in den Speichern. Früher oder später musste er da raus. Warum also nicht mit dem Kaufen warten, damit die Kurse weiter fielen, bis die Lage für die Ivorer und für die Franzosen der »Sucden« unerträglich würde? Genau das passiert. Houphouët-Boigny und sein Adjutant strecken die Waffen. Sie liefern den Kakao zu dem Preis, den der Markt dafür bezahlt. Das ist der Anfang vom Ende der »Sucden«. Für die Elfenbeinküste ist es ein schlechtes Geschäft.

Die Begierden der Weltbank

Es kam daraufhin zu einer historischen Wende. Denn die amerikanische Schokoladenindustrie, Mars, die diskreteste Firma der Welt, Hershey und Cadbury erkennen nun, dass es in ihrem Interesse ist, die Kakaoproduktion der Elfenbeinküste direkt zu kontrollieren. Der amerikanische Botschafter in Paris macht kein Hehl daraus: »Wir wollen den Kakao der Elfenbeinküste«, erklärt er öffentlich. Zufällig steht die JAG, ein Schmuckstück der ivorischen Kakaobranche, justament zum Verkauf. Die Franzosen versuchen, die Hand darauf zu legen. Mit dem Crédit Lyonnais und der Société Générale wird ein Finanzierungsplan ausgearbeitet. Doch was ist schon eine französische Bank, die Großkunden haben Vorrang. Und unter ihnen der amerikanische Konzern Cargill, eines der größten multinationalen Unternehmen in der weltweiten Nahrungsmittelindustrie.

Cargill möchte auf dem ivorischen Kakaomarkt Fuß fassen. Die Amerikaner sehen im Engagement der Société Générale beim Aufkauf der JAG eine »unfreundliche Geste«. Die Führer der französischen Bank ziehen sich also aus dem Finanzierungsplan zurück. Die Operation misslingt. Und der französische Ärger mit der Elfenbeinküste beginnt.

Parallel dazu nimmt der Druck der Weltbank und des Internationalen Währungsfonds auf die »Caistab« zu. Sie drängen auf mehr Transparenz und mehr Öffnung, später wird man von »guter Führung« sprechen. Da die wirtschaftliche Situation der Elfenbeinküste sich insbesondere nach dem Verschwinden von Félix Houphouët-Boigny 1993 verschlechtert und Abidjan in immer stärkerem Maße auf internationale Geldgeber angewiesen ist, um seine finanziellen Verpflichtungen zu erfüllen, gewinnen die Weltbank und der Internationale Währungsfonds jeden Tag mehr an Gewicht.

Diese Institutionen verlangen, wie auch in Argentinien und in Mexiko, Reformen zur Sanierung der Staatsfinanzen. In der Elfenbeinküste setzen sie als Erstes die Liberalisierung des Energiesektors und dann der Reisimporte durch. Doch das Hauptinteresse der beiden Schwestern Washingtons gilt der Reform des bedeutendsten Wirtschaftszweigs des Landes: dem Kakao. Mit anderen Worten, sie wollen die »Caistab« entmachten.

Die erbittertsten Gegner der »Caistab« sitzen in der Weltbank. »Stellen Sie sich einmal an die Parkplatzausfahrt der ›Caistab‹-Zentrale, und sehen Sie sich an, wie viele Luxusmercedes am Ende eines Arbeitstages herausfahren.« Die Männer der Weltbank sahen in diesem Defilee von Limousinen einen eklatanten Beweis für die Entgleisungen des Systems. Diese Mercedes-Limousinen standen für tausende von Dollars, die nicht in die Taschen der Bauern geflossen waren. Das System war von Grund auf verrottet, weil der Staat zum Kleptomanen geworden war und seine Beamten sich bedienten, anstatt ihm zu dienen.

In der Tat war das System von einer schier unvorstellbaren Undurchsichtigkeit. Die »Caistab« hatte nicht weniger als achtundfünfzig Bankkonten. 1999 unterziehen die Experten der internationalen Wirtschaftsprüfungsfirma Andersen die Buchführung der »Caistab« einer akribischen Prüfung. Anstelle eines angekündigten Defizits von 30 Millionen französischen Francs entdecken sie einen Überschuss von 230 Millionen. 260 Millionen haben sich folglich auf Privatkonten, wahrscheinlich Nummernkonten, verflüchtigt. Die Korruption der Funktionäre und der Führungsschicht der Elfenbeinküste ist ein grundlegender Faktor des Systems. »Man verdiente ungeheure Summen durch die Stabilisierungskasse«, erklärte ein damals in der Elfenbeinküste sehr aktiver Trader. »Man konnte die Kaufverträge für Kakao unter Mithilfe der ›Caistab‹ wunderbar entsprechend den Kursen auf dem Weltmarkt datieren. Auf diese Weise konnte man riesige Gewinne kassieren.«

»Ich erinnere mich«, fügt dieser Händler noch hinzu, »dass ich den Leuten der ›Caistab‹ fünf Millionen Dollar als Bestechungsgelder zukommen ließ.« In der Regel wurden diese abgezweigten Gelder unter drei Adressaten aufgeteilt: ein Drittel für den Chef der Stabilisierungskasse, ein Drittel für den Präsidenten der Republik und ein Drittel für den Händler. Von 1994 an wird unter dem Druck der Geldgeber ein System von Gebotsverhandlungen eingeführt. Theoretisch soll es für mehr Transparenz sorgen. Praktisch ist es eine Maschine zur Produktion von Bestechungen. Für die Freigabe der Ware benötigt man nun ein offizielles Formular mit mehreren Unterschriften. Die letzte ist die des Ministers für Rohstoffe, Guy-Alain Gauze. Die Betrügereien nehmen kein Ende. Manche Firmen benutzen zum Beispiel die gleiche Ware, um mehrere Bankkredite abzusichern. Eine von ihnen erhält einen Kredit über 200 Millionen französische Francs, indem sie den Wert ihrer Lagerbestände nach oben korrigiert.

Die Situation ist wahrlich dazu angetan, die Inspekteure der

Weltbank und des Internationalen Währungsfonds, die auf eine korrekte Verwaltung pochen, zu verärgern. Ihnen bleibt aber auch keine Provokation erspart. So präsentiert die Sifca, ein ivorisches Unternehmen mit 10 000 Angestellten und Hauptexporteur von Kakao in den Neunzigerjahren, das sehr eng mit dem Präsidenten Henri Konan Bédié verbunden ist, Exportbescheinigungen über mehrere zehntausend Tonnen Kakao. Dieser Kakao wird als Kategorie 2, das heißt minderwertig, deklariert. Entsprechend werden die Ausfuhrzölle verringert. Doch ein anonymer Briefschreiber spielt den Verhandlungsführern der Weltbank und des IWF ein dickes Paket mit Unterlagen zu. Minutiös wird darin der Betrug hinsichtlich der Qualität dokumentiert. Die exportierten Kakaobohnen sind in Wahrheit Kategorie 1. Die auf Kosten des ivorischen Staates erzielten Einsparungen wandern direkt in die Taschen der Sifca-Spitze und des Zolls. Diese Affäre trägt zu einer weiteren Radikalisierung der Haltung der Weltbank und des IWF sowie zur Vergiftung des Verhandlungsklimas bei.

Im Mai 1997 schlagen die Führer der Weltbank offiziell die Auflösung der Stabilisierungskasse vor. Die Ivorer nehmen ihnen das sehr übel. Die Verhandlungen zwischen den Vertretern der Geldgeber und denen der Elfenbeinküste verlaufen zum Teil in einem sehr stürmischen Klima. »Die Ivorer hatten die ungute Angewohnheit«, so berichtet ein Teilnehmer, »uns zu Terminen gegen 18 Uhr 30 einzuladen. Sie kamen immer zu spät. Manche von ihnen waren nicht über den Stand der Verhandlungen auf dem Laufenden. Sie verstanden manches nicht und reagierten verärgert, wenn man sie darauf hinwies, dass sie etwas verpasst hatten.«

Doch schon im Juli willigt die Elfenbeinküste bei einer Zusammenkunft in den Büros des Premierministers in die von der

Weltbank geforderten Reformen ein. Henri Konan Bédié, der Präsident der Republik, gibt dem Druck der Geldgeber nach, die ihn im Würgegriff halten. Ohne das Geld der Weltbank und des IWF ist die Elfenbeinküste handlungsunfähig. Der ivorische Präsident braucht aber Geld für die Vorbereitung des Präsidentschaftswahlkampfs. Er will um jeden Preis seinen ewigen Widersacher, den ehemaligen Premierminister Ouattara, schlagen. Bédié verschachert also den wichtigsten Wirtschaftszweig des Landes gegen eine geringe Summe, mit der er seinen Wahlkampf führen kann. Er weiß zu diesem Zeitpunkt noch nicht, dass diese Zugeständnisse vergeblich sind und ihm nichts einbringen werden.

Auch einige ausländische Exporteure mit Sitz in Abidjan leisten der Weltbank Schützenhilfe. Sie wollen den Tod der »Caistab«. Wen könnte das überraschen? Sie träumen davon, endlich das Joch der »Caistab« abzuschütteln und freien Handel treiben zu können. Das findet auch Jean Fontier, der Chef von Tropival, der örtlichen Niederlassung der mächtigen britischen Gruppe ED & F Man. Fontier, damals um die vierzig, ist ein in Kongo-Kinshasa geborener Mischling. Als ausgewiesener Kakaoexperte führt er sämtliche Einkaufs- und Transportmaßnahmen selbst durch. Er kennt alle Tricks des Gewerbes. Zu diesem Zeitpunkt ist er als Präsident des Verbands der Exporteure ein einflussreicher Mann, der in Abidjan eine gewichtige Stimme hat. Sein Antikonformismus und sein unverhohlener Liberalismus unterscheiden ihn von vielen seiner Kollegen im Exportgeschäft. In der Tat plädiert manch einer von ihnen für die Aufrechterhaltung der Ausgleichskasse. »Wenn es Unregelmäßigkeiten gibt, dann muss man die Leute auswechseln, aber das System bewahren. Es ist unverzichtbar für die Elfenbeinküste«, so lautet ihre Überlegung.

Diese Geschäftsleute, oft sind es Franzosen, sind davon überzeugt, dass der Kakao der soziale Kitt der Elfenbeinküste ist. Ob der produzierende Bauer nun hundert oder sechshundert Kilometer von der Mahlfabrik oder vom Verladehafen entfernt ist, er bekommt für seine Ernte den gleichen Preis. Die Transportkosten bewirken keinen Unterschied. Sie haben keine wirtschaftlichen Folgen. Das ist die Garantie für den sozialen Frieden. Für ein Land, in dem die Landwirtschaft die Haupteinnahmequelle ist, scheint das System der Stabilisierung tatsächlich trotz aller Entgleisungen eine wirtschaftliche und politische Bestandsgarantie zu bieten.

Doch diese Reden verhallen ungehört. Sie kommen von Leuten – in erster Linie Franzosen –, die jahrzehntelang sehr eng mit den Ivorern zusammengearbeitet haben. Sie sind ihre Weggefährten. Sie schätzen die Sanftheit dieses Landes und die herzliche Aufnahme, die sie dort gefunden haben. Sie verbringen oft ihren Urlaub dort und verbinden Privat- und Berufsleben miteinander. Ihrer Ansicht nach sind diese Harmonie und diese Lebensfreude zum Teil Ergebnis des bestehenden Wirtschaftssystems. Daher messen sie seiner Aufrechterhaltung trotz aller Perversionen große Bedeutung zu. Doch diese Position stößt bei der Weltbank auf eine Mauer der Ablehnung. »Man beschuldigte uns, wir wollten nur unseren privaten Schutzraum erhalten. Unsere Gesprächspartner waren ideologisch verbohrt«, behaupten diese Geschäftsleute. »Wir haben nichts als in den Wind geredet.«

Dennoch findet diese gemäßigte Haltung, die weit vom Radikalismus der Weltbank entfernt ist, einen internationalen Fürsprecher, und zwar die Europäische Union. Die Vertreter der EU, deren Sitz in Plateau, dem Geschäftsviertel Abidjans, nur wenige Schritte von der französischen Botschaft entfernt liegt, kritisieren die Entgleisungen des Systems ebenso heftig wie ihre Kollegen von der Weltbank. Auch sie wollen die korrupten Strukturen abschaffen und die Männer an ihrer Spitze kaltstellen. Doch Europa möchte trotz allem ein System der Preisgarantie für die Bauern bewahren. Angesichts der politischen und wirtschaftlichen Bedeutung des Kakaos für die Elfenbeinküste ist es in den Augen der Europäer eindeutig so, dass man die Verkäufe über das gesamte Jahr staffeln können muss. Nur dadurch lässt sich ein Preisverfall während der Ernte vermeiden. Das setzt eine Zentralisierung der Information und der Entscheidungen in der Hand einer privaten Organisation voraus, die zuverlässig genug ist, um das Vertrauen der Einkäufer zu erwerben.

Wer in Paris, Genf, Rotterdam, London oder New York wäre so verrückt, ohne totales Vertrauen in die Verkäufer im Mai eine Kaufzusage für tausende von Tonnen Kakao abzugeben, wenn die Ware erst im Oktober verfügbar wird? Mit dem nötigen Vertrauen würde alles wieder möglich werden. Man könnte weiterhin die Verkäufe planen und versuchen, den Markt zu kontrollieren. Und man könnte den Bauern vorher schon zusichern, was sie verdienen würden.

Doch leider ist dieser Kampf so vergeblich wie die letzten Rettungsmanöver der Ivorer. Im Lauf des Jahres 1999 versuchen bestimmte Regierungskreise diskret, einen Plan zur Rückkehr in das Stabilisierungssystem zu erarbeiten. Ihr Wortführer ist Guy-Alain Gauze, der Minister für Rohstoffe, ein groß gewachsener, volksnaher Mann und begabter Redner mit Golduhr und Goldarmband. Wie viele andere fragt er sich, wie der Übergang in das neue System zu bewerkstelligen ist, und versucht, die Konsequenzen daraus einzuschätzen.

Die geplante Abschaffung der »Caistab« wirft sehr konkrete Probleme auf. Wie werden die Bauern reagieren, wenn sie sich nicht mehr auf von vornherein garantierte Festpreise verlassen können? Wie werden sie über die Kakaokurse informiert? Wer wird sie mit Dünger beliefern? Wie werden sich die Beziehungen zu den Zwischenhändlern, den *pisteurs* und den Lieferanten gestalten? Dennoch bleibt Minister Gauze am Ende nur der Rückzug übrig. Ein Stirnrunzeln der Weltbank und des IWF genügt, um den Widerspenstigen zur Räson zu bringen. Die »Caistab« verschwindet. Und zwar noch schneller als geplant. Im Prinzip soll sie im Oktober 1999 entmachtet werden. Doch die »Caistab« bricht wie ein ausgezählter Boxer schon vor dem Ende des Kampfes zusammen. Die Trader haben ihr den Garaus gemacht. Ab Januar 1999 fallen die Kakaokurse ins Bodenlose. In der gesamten Kakaoschleife, so heißt das Hauptanbaugebiet, wird eine reiche Ernte eingebracht. Die Speicher quellen über vor Ware. Die Börsenhändler setzen auf die bevorstehende Liberalisierung der Kakaoexporte. Wenn die »Caistab« verschwunden ist, kann jeder seinen Preis diktieren: Die Trader den Exporteuren, die Exporteure den Zwischenhändlern und die Zwischenhändler den Bauern.

Man wartet auf den Übergang von einem Terminmarkt, auf dem Kauf und Verkauf Monate im Voraus geplant sind, zu einem »*spot*«-Markt, in dem über Verträge erst dann verhandelt wird, wenn die Ware verfügbar ist und der Produzent unbedingt verkaufen muss. Die angekündigte Auflösung der »Caistab« eliminiert einen Stabilitätsfaktor. London und New York werden parallel mit dem Eintreffen der Ware in den Fabriken oder in den Dörfern kaufen. In der Saison 1998/1999 sind somit der Logik des Markts angesichts einer reichen Ernte und einer zum Tode verurteilten Regulierungsbehörde keine Grenzen mehr gesetzt. Die Folge ist, dass die Trader auf dem Höhepunkt der Ernte und der Exporttätigkeit, als vor den Fabriken und den Häfen von Abidjan und San Pedro Schlangen von Lastwagen voller Kakaobohnen stehen, die Kurse drastisch reduzieren.

Die Führer der »Caistab« sind darauf völlig unvorbereitet. Der damalige Generaldirektor Banzio Dagobert hat für die Saison ordentliche Preise angekündigt. In zwei Jahren sind Präsidentschaftswahlen, und die Regierung will weiterhin so tun als ob ... Die »Caistab« ist in ihrer Rolle gefangen. Weil sie noch einige Monate lang existiert und gezwungen ist, Bauern wie Exporteuren ein Garantieeinkommen zu sichern, verkauft sie billiger, als sie kauft. Sie ist gezwungen, auf jede Tonne exportierten Kakao 800 damalige französische Francs draufzuzahlen. Bei einer Million Tonnen kommt diese Politik der Landwirtschaftsförderung wahrlich teuer. Weder die Kasse noch der ivorische Staat haben die finanziellen Mittel dazu.

Die ivorischen Funktionäre sehen nur eine Möglichkeit, dieses Ausbluten zu stoppen: Sie blockieren die Kakaoexporte. Sie stellen keine Exporterlaubnis mehr aus. Die Speicher in den Hafenbezirken von Abidjan und San Pedro quellen über vor Kakao. Nun aber geht es nicht mehr darum, die Kurse in die Höhe zu treiben, wie zu Zeiten von Houphouët-Boigny. Man versucht nur noch zu retten, was noch zu retten ist. Die Situation ist unhaltbar. Im Urwald ist der Garantiepreis nur noch eine Fiktion. Die traditionelle Autorität der »Caistab« ist dahin. Die Exportfirmen diktieren ihren Preis, den des Weltmarkts nämlich. In den Büros der Kasse in Plateau wird ausgezählt. Schließlich gibt sich Konan Bédié, der farblose Nachfolger von Félix Houphouët-Boigny, geschlagen, er kann nichts mehr ausrichten. Im August 1999 wird die »Caistab« nach einem halben Jahrhundert wirtschaftlichen und politischen Einflusses endgültig zu Grabe getragen. Sie wird nicht mehr das alleinige Sagen haben in den ländlichen Regionen der Elfenbeinküste. Übrig bleibt eine Rumpforganisation, die Verkäufe registrieren und Genehmigungen für die Exportfirmen ausstellen soll. Eine regulierende und juristische Funktion, in der die Wirtschaftspolitik keinen Platz mehr hat. Das ist die »Neue Caistab«.

Die Amerikaner ergreifen die Macht

Die ivorischen Bauern treten in einem an Panik grenzenden Zustand in diese neue Phase ein. Sie haben allen Grund zur Angst. Denn sie werden die Ersten sein, die für die Scherben des Übergangs von einer regulierten Landwirtschaft zur freien Marktwirtschaft bezahlen werden. Alles vollzieht sich völlig überstürzt, schlimmer noch: chaotisch. Die Bauern werden nur bruchstückhaft über die kommenden Veränderungen informiert. Nichts wird vernünftig organisiert. Die Versprechen der Weltbank – »Ihr werdet einen größeren Anteil vom Weltmarktpreis erhalten« – klingen gut. Allerdings müsste der Weltmarktpreis auch lohnend sein. Doch der Kursverfall war drastisch. Ende 1999, im ersten Jahr der Liberalisierung, erhalten die ivorischen Pflanzer 2,50 Francs pro Kilo verkauften Kakao. Halb so viel wie im Jahr zuvor. Aus Furcht vor einer sozialen Explosion versucht die ivorische Regierung, die Lage zu verschleiern, und drangsaliert die Journalisten, die darüber berichten.

Der Beginn der Ernte fällt außerdem mit dem Schuljahresanfang zusammen. In vielen Landschulen bleibt das halbe Klassenzimmer leer. Nur wenige der anwesenden Schüler besitzen Hefte und Bücher, ihre Eltern sind zu arm. Die Bauern fühlen sich im Stich gelassen. »Wenn ich es mir leisten könnte«, sagt Jérôme N'Goranko, ein Bauer aus der Region Gagnoa im Herzen des Anbaugebiets, drei Stunden von Abidjan entfernt, »dann würde ich meine Kakaosäcke verbrennen. Lieber verbrennen, als zu diesem Preis verkaufen.«

N'Goranko sitzt inmitten der Alten auf dem Dorfplatz und listet die Unglücksschläge auf, die er in jüngster Zeit erdulden musste: den Preisverfall, das Gefühl, von der Regierung allein gelassen zu werden, die Geldeintreiber, die ihm zusetzen, weil er den Dünger nicht bezahlen kann ... Jérôme N'Goranko, ein ehemaliger Lehrer, hat nach dem Tod seines Vaters die wenigen Hektar des Familienbetriebs übernommen. Heute fehlen ihm die Mittel, um Arbeiter zu bezahlen. »Die Weltbank soll ihre Vertreter in alle Regionen des Landes schicken, damit sie sehen, was für ein Unheil sie angerichtet haben«, ruft er aus.

Jérôme N'Goranko wird seine Kakaosäcke nicht vernichten. Wie könnte man auch das Ergebnis mehrerer Monate der Mühsal in Rauch aufgehen lassen? Und zu welchem Zweck? Groll ist nicht der beste Ratgeber. Also stapelt Jérôme N'Goranko wie so viele seiner Leidensgefährten aus der Region Gagnoa seine Säcke in einem kleinen Schuppen. Sie warten darauf, dass die Kurse ein wenig steigen.

Während die Bauern leiden, teilen die großen ausländischen Konzerne umgehend den Kuchen unter sich auf. Als Erster investiert Cargill 50 Millionen Dollar in eine Fabrik in San Pedro und eine weitere in den Vororten von Abidjan. Eine Bagatelle für einen derartigen Giganten. Mit seinen 100 000 Angestellten ist Cargill ein Riese im Handel mit Getreideprodukten und in der Verarbeitung von Ölpflanzen. Die Weltmärkte für Weizen, Mais, Soja und Baumwolle bergen keine Geheimnisse für die Führungsstäbe in Minneapolis in Minnesota, wo das Unternehmen seinen Sitz hat.

Die Firma, die seit ihrer Gründung Ende des 19. Jahrhunderts von der Familie Cargill kontrolliert wird, ist in den Vereinigten Staaten ungeheuer mächtig. Sie verfügt über Niederlassungen in Europa, China und Lateinamerika, in etwa sechzig Ländern insgesamt. Bei Cargill kann man Karriere machen. Die Kommunikation nach außen wird so stark kontrolliert, dass kritische Stimmen dem Unternehmen sektiererisches Gebaren vorwerfen.

Schon kurz darauf versucht ein anderer amerikanischer Konzern, Archer Daniel Midland (ADM), der ebenfalls sehr einflussreich auf dem Getreide- und Ölpflanzenmarkt ist, sich einen Anteil an dem Festmahl zu sichern. Tatsächlich profitiert dieser Minderheitsaktionär der Sifca von den destabilisierenden Praktiken seines Konkurrenten Cargill.

Die Einkäufer von Cargill verschanzen sich nicht in ihren klimatisierten Büros. Sie begeben sich direkt in die Anbaugebiete. Und seit der Ernte im September 2000 bezahlen sie den Kakao über Wert. Wenn das Kilo 2,50 Francs wert ist, bieten sie 2,80 oder gar 3 Francs dafür. Die Wirkung lässt nicht auf sich warten. Die Kakaopreise steigen drastisch an. Der Urwald »brennt«. Niemand will mehr unter diesen Preisen verkaufen.

Die Manager der Sifca, des ivorischen Ungetüms, sind hin- und hergerissen zwischen Bitterkeit und Wut. Sie können mit der Politik der Amerikaner nicht nachziehen. Sie haben im Voraus große Mengen Bohnen an amerikanische oder europäische Industrielle verkauft und dabei wie gewohnt auf einen relativ niedrigen Einkaufspreis auf dem Land gesetzt, was angesichts der Liberalisierung und einer guten Ernte zu erwarten war.

Die Sifca, ein Unternehmen, das der ivorischen Regierung sehr nahe steht (Präsident Henri Konan Bédié war einer ihrer Hauptaktionäre), ist nicht in der Lage, angemessen zu reagieren. Wie soll man für 400 CFA-Francs ein Kilo Kakao kaufen, das man bereits für 350 verkauft hat? Die Banken weigern sich, eine solche Politik zu unterstützen. Die Sifca liegt danieder wie das gesamte ivorische Vertriebssystem.

Der amerikanische Minderheitsaktionär ADM braucht die Beute nur noch an sich zu reißen und sich das Unternehmen einzuverleiben. Das stoppt allerdings nicht den Preisauftrieb im Busch. Dabei sind diese amerikanischen Unternehmen mehr als bloße Spediteure. Sie begnügen sich nicht damit, Rohbohnen zu exportieren. Sie verarbeiten vielmehr einen Teil an Ort und Stelle. Große Investitionen wurden zu diesem Zweck getätigt. Kommt nicht infrage, dass diese Maschinen leer laufen. Die Unternehmen bemühen sich folglich, im Busch Vertragspartner zu kaufen und die Transportnetze der Zwischenhändler, die den Kakao in ihre Fabriken befördern, unter ihre Kontrolle zu bringen. Für die einheimischen Konkurrenten kommt das einer Politik der verbrannten Erde gleich. Angesichts der Weltmarktpreise ist es unmöglich, ohne die Unterstützung eines multinationalen Unternehmens, ohne Zugang zu einem günstigen Kredit und ohne Beherrschung der raffiniertesten Finanz- und Börsentaktiken bei den von Cargill und ADM diktierten Preisen mitzuhalten.

Nur wenige ivorische Exportfirmen können sich halten. Die großen französischen Banken, die schon seit jeher in Abidjan sitzen und die traditionellen Finanziers des Regulierungssystems waren, scheuen immer mehr davor zurück, den kleinen einheimischen Betrieben Geld zu leihen. Zu Zeiten der »Caistab« hatten sie Vertrauen zu ihnen, denn der Staat garantierte die Kakaolieferungen, und die Verträge wurden eingehalten, was auch immer geschah. Aber nun? Wie kann man noch sicher sein, dass die kleinen Genossenschaften oder die ivorischen Betriebe in der Lage sind, den Kakao zu liefern und ihre Kredite zurückzuzahlen? Der Zauber ist zerbrochen. Schluss mit dem Vertrauen. Das Klima ist zu ungewiss, die Ansprechpartner sind zu wacklig, Investitionen sind zu riskant. Infolgedessen verschwinden die rein ivorischen Exportfirmen von der Bildfläche.

Der Kampf ist umso ungerechter, als die beiden großen multinationalen amerikanischen Unternehmen von einem gewaltigen Trumpf profitieren. Cargill und ADM sind nämlich Industriebetriebe. Weil sie Rohkakao exportieren, vor allem aber, weil sie in der Elfenbeinküste selbst 300 000 Tonnen weiterverarbeiten, kommen die beiden Gesellschaften ebenso wie die Schweizer Firma Barry Callebaut in den Genuss bedeutender Steuererlasse. Das ursprüngliche Ziel des ivorischen Staates war es, so viel Kakao wie möglich an Ort und Stelle weiterzuverarbeiten. Im Prinzip sollten auf diese Weise Arbeitsplätze und Gewinne im Land erwirtschaftet werden. In Wirklichkeit liefert dieses Gesetz den multinationalen Unternehmen jedoch zusätzliche Geldmittel, um zum Schaden aller konkurrierenden Firmen Kakao im Busch aufzukaufen. Nur wenige Stellen werden neu geschaffen, etwa fünfzig pro Mahlfabrik. Stattdessen verschaffen sich die multinationalen Unternehmen mit jedem Tag ein wenig mehr die Kontrolle über den ivorischen Kakaosektor.

Doch Henri Konan Bédié bleibt keine Zeit, um die Auswirkungen der Liberalisierung auf die wirtschaftliche Situation des Landes zu erkennen. Er wird gestürzt und flieht nach Frankreich. Sein Nachfolger General Gueï ernennt unverzüglich einen »Herrn Kakao«. Patrick Achi, der ein Diplom der École supérieure d'électricité in Paris und ein Betriebswirtschaftsdiplom aus Stanford in der Tasche hat, stand zuvor zehn Jahre lang in den Diensten des internationalen Wirtschaftsprüfers Andersen. Er reformierte bereits den ivorischen Elektrizitätsmarkt. Nun nimmt er sich den Kakaomarkt vor. Die Sache ist schwierig. Auf der einen Seite beharrt die Weltbank auf dessen Liberalisierung. Auf der anderen Seite wollen die selbst ernannten Führer der Bauern sich die Kontrolle über die Ressourcen des Kakaosektors sichern. Zwischen beiden steht die Regierung, die die Staatskasse füllen muss.

Eine Umstrukturierung mit brachialen Mitteln

Sehr bald erkennt Achi, dass das Verschwinden eines einzigen, anerkannten Ansprechpartners, der für die Kakaolieferungen ebenso wie für ihre Bezahlung bürgen kann, eine Katastrophe ist. Wie die Institution heißt, spielt keine Rolle. Um den Bauern aber ein regelmäßiges, verlässliches Einkommen zu sichern, muss man die Bohnen im Voraus verkaufen können. Doch nur eine staatlich gestützte oder mit sehr viel Kapital ausgestattete Institution ist in der Lage, den Exporteuren und den internationalen Einkäufern die Auslieferung der Ware zu garantieren.

Patrick Achi weiß, dass jede Rückkehr zu einer öffentlichen Preisregulierung ausgeschlossen ist. Auch die private Lösung ist nur schwer zu verwirklichen. Ohne ein Kapital von 300 Millionen französischen Francs wird die Organisation, die ihm vor Augen schwebt, auf dem Weltmarkt nicht glaubwürdig sein. Um Vertrauen zu wecken, muss man die Verwaltung der Gelder in die Hände einer internationalen Bank legen. Wie aber soll man auf die Schnelle diese 300 Millionen Francs auftreiben? Die HSBC, die Bank von Hongkong, erwägt kurz eine

Finanzierung der Gelder. Doch angesichts der Hindernisse und der politischen Instabilität zieht sie sich zurück. Bleibt nur eine Lösung: Die Bauern müssen Mitgliedsbeiträge einzahlen. Man muss ihnen die Situation erklären und sie überzeugen. Patrick Achi greift zum Pilgerstab. Er zieht von Marktfleck zu Marktfleck, von Dorf zu Dorf, von Lager zu Lager, von Pflanzung zu Pflanzung und leistet Überzeugungsarbeit. Und die Antwort der Bauern ist überall die gleiche: Kommt nicht infrage. Kommt nicht infrage, dass wir Geld hergeben.

Schließlich setzt der Staat seinen Standpunkt durch. Eine Regulierungsbehörde für Kaffee und Kakao wird geschaffen. Sie wird durch einen einbehaltenen Betrag finanziert, der auf jedes Kilo Kakao erhoben wird, das den Busch verlässt. Eine Börse für Kaffee und Kakao wird mit der Organisation der Vermarktung außer Landes beauftragt. Zuvor muss allerdings noch die »Neue Caistab« aufgelöst werden, diese Rumpforganisation, die nur nutzlose Stellen am Leben erhält.

Die Aktionäre, darunter auch Vertreter der Bauern, leisten Widerstand. Gueï wird ärgerlich. Die Funktionäre der »Caistab« haben den Staat bestohlen und die Buchhaltungsunterlagen vernichtet, mit deren Hilfe man die finanziellen Transaktionen des Fonds hätte nachvollziehen können. Achi hatte die Unterschlagungen auf 600 Millionen Francs innerhalb der vergangenen drei Jahre beziffert. Um dem Spuk ein Ende zu machen, zitiert der General und Präsident die Verantwortlichen der »Caistab« in den Präsidentenpalast.

Die Tür zum Versammlungssaal wird von den Roten Baretten der ivorischen Armee bewacht. »Das ist nur zu Ihrer Sicherheit«, erklärt er den »Gästen«, die binnen einer Viertelstunde eine Verwaltungsratssitzung einberufen sollen. Diese findet drei Tage später in einem unbeschreiblichen Chaos statt und besiegelt die Auflösung der »Neuen Caistab«. Parallel dazu fordert Patrick Achi die Genossenschaftsführer in den zweiunddreißig Bezirken des Landes auf, die Wahl von Bauernvertretern zu organisieren, um die Bauern in die Verwaltung des Kakaos mit einzubeziehen.

So entsteht die ANAPROCI, die Nationale Vereinigung der Kakaoproduzenten der Elfenbeinküste. Ihr Präsident Henri Amouzou versteht sich als wichtigster Sprecher der ivorischen Kakaoproduzenten. Doch nur ein Viertel der Kakaobauern ist in den ivorischen Genossenschaften zusammengeschlossen. Die drei Viertel der unabhängigen Pflanzer bleiben sich selbst überlassen. Die ANAPROCI spricht in ihrem Namen, ohne sie nach ihrer Meinung zu befragen.

Es dauert freilich noch mehr als eineinhalb Jahre, bis die von Patrick Achi erdachten neuen Strukturen Realität werden. In der Zwischenzeit verschwindet General Gueï von der politischen Bildfläche. Er verliert die Präsidentschaftswahlen vom 22. Oktober 2000. Trotz seiner Anstrengungen, sich um jeden Preis an der Macht zu halten, trotz gewaltsamer Zusammenstöße in Abidjan, zwingt das Volk ihn zum Rücktritt. Die Auseinandersetzungen lähmen das Land. Die Kakaoexporte werden ausgesetzt.

Vor San Pedro wartet ein Frachter darauf, 8000 Tonnen Bohnen laden zu können. Vergeblich. Nichts kommt mehr aus dem Busch heraus. Trotzdem regt sich niemand in London, auf dem Weltmarkt, auf. Anstatt dass die Kurse explodieren würden, schaltet auch die internationale Kakaobörse auf eine langsame Gangart um. Der Grund dafür ist ganz einfach: Die Industriellen haben nachgerechnet. In ihren Speichern in Rotterdam, Genf oder New York lagern Vorräte für elf Monate Kakaoverarbeitung. Mehr als genug Reserven, um in Ruhe abzuwarten, bis die ivorischen Bauern wieder von »ihrem Palaverbaum« herunterkommen, sich an die Arbeit machen und die Lieferung ihrer kostbaren Ware wieder aufnehmen.

Doch im Busch wird nicht nur palavert. Zwischen den verschiedenen Bevölkerungsgruppen kommt es wieder zu gewaltsamen Auseinandersetzungen. Die aus Burkina Faso eingewanderten Bauern, deren Pflanzungen nun von den Ivorern beansprucht werden, werden verfolgt und manchmal ermordet. Hass breitet sich aus. »Man jagt sie davon, und dann ist niemand mehr da, der die Arbeit macht«, klagt Sylvain Orebi, ein französischer Exporteur in Abidjan. Aus seinem ganz in Holz und Leder gehaltenen Pariser Büro im Quartier de l'Opéra verfolgt Orebi die Verschärfung der Situation an der Elfenbeinküste. Er konstatiert, wie sehr die Konkurrenz der Amerikaner die Einkäufe im Busch erschwert hat. Nach jahrzehntelanger Anwesenheit zieht sich das Haus Orebi nun allmählich aus der Elfenbeinküste zurück. Anstelle von traditionell 40 000 Tonnen exportierten Kakaos sind es in der Saison 1999/2000 kaum mehr 4000. Und Sylvain Orebi schwört Stein und Bein, dass er nie wieder einen Centime in der Elfenbeinküste investieren wird. Er organisiert wohl oder übel die Fusion der französischen Kakaovereinigung, der er vorsteht, mit ihrer britischen Schwesterorganisation und zieht sich dann vollständig aus dem Kakaohandel zurück. Er kauft einen kleinen Kaffeeröster in Le Havre auf, mit Sicherheit ein weniger »sportliches« Geschäft als der Kauf von Kakao in der Elfenbeinküste. Ende 2004 ist bis auf ein oder zwei Ausnahmen kein einziges französisches Kakaohandelsunternehmen mehr in der Elfenbeinküste aktiv.

Vor Ort erweist sich der durch die Niederlassung der multinationalen Unternehmen angefeuerte rasante Preisanstieg schließlich als ziemlich relativ, er ist vor allem nur von kurzer

Dauer. Die Preise sind zwar hoch, bezogen auf die Weltmarktkurse. Die Einkommen der Bauern jedoch sinken. »1987 musste ein ivorischer Bauer zwei Jahre lang auf einer zehn Hektar großen Pflanzung arbeiten, um sich einen Peugeot 404 kaufen zu können«, erklärt ein französischer Exporteur. »Zu Beginn des 21. Jahrhunderts muss der Bauer zehn Jahre lang auf einer hundertfünfzig Hektar großen Pflanzung arbeiten, um sich ein gleichwertiges Auto leisten zu können.« In der Fachsprache nennt man das »den Wertverfall der Terms of Trade«.

Ein internationaler Händler schätzt, dass der Weltmarktpreis für eine Tonne Kakao durch das Verschwinden der Stabilisierungskasse durchschnittlich um 450 Euro gesunken ist. »Die Statistiken der vergangenen dreißig Jahre bei gleichem Lagerbestand sprechen eine eindeutige Sprache«, erklärt er. »Seit 1998 findet ein unübersehbarer Kursverfall statt. Den ivorischen Produzenten ergeht es wie dem Fischhändler am Freitagabend, der tagsüber nicht viel verkauft hat«, fährt der Kenner der Elfenbeinküste fort. »Er muss seinen Vorrat loswerden, andernfalls verfault ihm der Fisch. Auf dem Kakaomarkt weiß von nun an jeder, dass die Elfenbeinküste am 1. Oktober jeden Jahres eine Million Tonnen zu verkaufen hat und dass sie sie nicht lagern kann. Sie befindet sich in einer Position großer Schwäche.«

Das Geld aus dem Kakaohandel als Ursache des Kriegs

Doch Lucien Tape Doh, Henri Amouzou und einige andere, die neuen Führer des Kakaosektors, die von den Pflanzern in dem von Patrick Achi eingeführten Verfahren gewählt wurden, verfügen oft weder über die nötigen Kompetenzen noch über die Erfahrung, um die ihnen zugefallene Rolle in dieser schwierigen Situation erfüllen zu können. Beispielsweise glauben sie ernstlich, sie könnten die internationalen Kurse in die Höhe treiben, indem sie die Straßen blockieren, um die Ausfuhr des Kakaos zu verhindern. Tatsächlich treiben sie damit nur den Blutdruck einiger Exporteure in die Höhe.

Im Lauf des Jahrs 2001 arbeiten führende Politiker des Landes einen Plan zur Einbehaltung und Vernichtung von Kakaobohnen aus. Gemeinsam mit Kamerun und Nigeria wollen die Ivorer 250 000 Tonnen Kakaobohnen zerstören. Wieder werden sie beherrscht von dem Willen, die Kurse hochzutreiben, sich nicht vom Weltmarkt und den Schätzungen der Börsenhändler in London die Preise diktieren zu lassen. Man denkt ein paar Monate darüber nach, zweimal finden währenddessen Zusammenkünfte auf Regierungsebene statt, die letztlich zu nichts führen: Will man 250 000 Tonnen vernichten, so muss man sie zunächst den Bauern abkaufen. Das ist teuer, und das Resultat ist ungewiss. Die Idee wird so schnell fallen gelassen, wie sie aufgetaucht ist. Umso mehr, als sie offenbar nicht mehr in Einklang mit den Interessen der Bauernführer steht.

Denn im August 2001 sind diese Führer am Ziel ihrer Wünsche angelangt. Der neue Präsident Laurent Gbagbo ist seit zehn Monaten im Amt. Offiziell wandelt er auf den Spuren von Patrick Achi. Private Organisationen unter der Leitung von Vertretern der Bauern und der Exportwirtschaft organisieren die Arbeit, erteilen die Exportlizenzen und verwalten die parafiskalischen Steuern. Am 2. August 2001 kommt dieses ganze Völkchen zur Mittagszeit in einem der großen Hotels von Yamoussoukro, der offiziellen Landeshauptstadt und dem Geburtsort von Félix Houphouët-Boigny, zur ersten Generalversammlung der Kakao-und-Kaffee-Börse zusammen. Es steht viel auf dem Spiel. Schließlich ist zu klären, wie der wichtigste Produktionssektor des Landes organisiert werden soll, wer ihn leiten, wer die Gelder verwalten und die Schecks ausstellen soll. In mancher Hinsicht werden an diesem Tag die Weichen für die Zukunft der Elfenbeinküste gestellt.

Zwei Jahre nach der Auflösung der Stabilisierungskasse vollzieht sich nun der zweite Akt der Grundsteinlegung für eine liberalisierte Wirtschaft. Allerdings gedenkt die Regierung, die Schlüsselpositionen mit ihren Leuten zu besetzen. Niemand anders als die Regierung darf die Kontrolle über die Kakaoressourcen innehaben, so die Ansicht in Laurent Gbagbos Umfeld. So wird der Kabinettschef des Landwirtschaftsministers nach Yamoussoukro entsandt mit dem Auftrag, sich zum Generaldirektor der Kakao-und-Kaffee-Börse (BCC) wählen zu lassen. Er lässt vertraglich festlegen, dass die BCC grundsätzlich der Leitung des Kabinettschefs des Außenministeriums untersteht.

Unter den Bauern bricht ein Tumult aus. Es hagelt Beschimpfungen. Der Kabinettschef des Außenministeriums flieht unter Buhrufen. Er kommt nicht mehr zurück. Die ivorische Regierung hat es nicht geschafft, sich die Kontrolle über das Kakaogeschäft zu sichern. Nun bleiben nur noch zwei Lager im Konferenzsaal des Hôtel Président in Yamoussoukro zurück, die Kakaopflanzer und die Exporteure. Für die Pflanzer ist das der größte Tag ihrer Geschichte. Sie, die noch nie eine Stimme hatten, sie, die durch ihre Arbeit die libanesischen Zwischenhändler und die Bourgeoisie von Abidjan reich gemacht haben, sie stehen heute vor den Pforten der Macht. Gestern noch wurden sie ignoriert, verachtet und verhöhnt, morgen aber werden sie mächtige, angesehene Männer und einflussreiche Persönlichkeiten sein. Sie werden Gewerkschaftsführer und mitverantwortlich für die Verwaltung der von den Bauern erhobenen Beiträge. Man wird nicht mehr an ihnen vorbeikommen.

Allerdings sind da noch die großen Exportfirmen zu berücksichtigen, die auch im Konferenzsaal des Hotels anwesend sind. Es sind acht. Acht Weiße, die in den Augen der ivorischen Bauern die Außenwelt, die Welt der Großkonzerne, der Börsen von London und New York und der Geldgeber verkörpern. Die Bauernvertreter legen ihre Forderungen dar. Sie wollen die gesamte Macht. Ohne Abstriche. Für die Exporteure ist das inakzeptabel. Wie auf Kommando springen sie auf und verlassen türenknallend den Saal. Kategorisch weigern sie sich, auf die Forderungen der Bauern einzugehen. Es dauert mehrere Stunden, bis sie wieder an den Verhandlungstisch zurückkehren. Aber die Pflanzer haben gewonnen. Sie kontrollieren die Schlüsselpositionen und ernennen den Präsidenten und den Generaldirektor der Kakao-und-Kaffee-Börse. Sie haben die uneingeschränkte Macht. Dennoch ist damit nichts geklärt. Im Laufe der Monate mehren sich die Auseinandersetzungen zwischen Bauern und Exporteuren. Die Bauern wollen beispielsweise einen für alle verbindlichen Kakaopreis festlegen. Die Exporteure wollen nichts davon hören. Nur die Gesetze des Markts dürfen den Kurs bestimmen. Immerhin willigen die Exporteure in die Einführung eines Richtpreises ein. Allerdings müssen die Chefs von Cargill und ADM diesen noch für angemessen halten.

Die Regierung ihrerseits hat ihr Ziel, die parafiskalischen Abgaben, zig Milliarden CFA-Francs also, hunderte von Millionen Euro, in ihre Hände zu bekommen, noch nicht aufgegeben. Ein Regulierungs-und-Kontroll-Fonds, der FRC, soll parallel zur BCC etabliert werden. Laurent Gbagbo ist nicht gewillt, sich noch einmal hereinlegen zu lassen. Der Verwaltungsrat dieser neuen Institution wird also im Hauruckverfahren gebildet. Es gibt keine konstituierende Versammlung. Die von der Regierung bestimmten Funktionäre werden einzeln in das Landwirtschaftsministerium bestellt, um dort die Ernennung der Geschäftsführer zu bestätigen, die nichts weiter als Strohmänner sind. Als Aushängeschild wird der Führer einer kleinen Kooperative aus dem Osten des Landes in die neue Mannschaft aufgenommen.

In der Geographie des ivorischen Kakaos sind folglich schon von der Struktur her Konflikte vorprogrammiert. Jeder Machtpol, der Staat und die Erzeuger, verfügt über eine Organisation und das dazugehörige Scheckbuch. Die Summen, um die es dabei geht, sind enorm. Man kann damit Freunden einen einträglichen Posten verschaffen, üppige Gehälter auszahlen, schöne Autos kaufen und reisen. Die von der Weltbank forcierte Liberalisierung hat ein Organisationschaos bewirkt. Die Bauern verdienen nicht mehr als zuvor: Mit den vom Staat und von den neu geschaffenen Berufsorganisationen erhobenen Abgaben wird mehr als die Hälfte des Verdienstes aus dem Kakaoanbau abgeführt.

Ende 2003 übersteigen Steuern und Abgaben das Realeinkommen der Bauern. Die internationalen Preise sind gesunken, nicht so jedoch die Höhe der Steuern. Zwar ist es nicht mehr die »Caistab« und auch keine andere zentrale Organisation, die das Land und die Bauern ausbeutet. Nun handelt jeder auf eigene Rechnung, im Dienst seiner kurzfristigen Interessen. Während einer neuen Phase politischer Spannungen haben die Dorfbewohner auf der Seite von Präsident Gbagbo Straßensperren auf den Straßen errichtet, die die Anbaugebiete mit Abidjan und San Pedro verbinden. Mit Knallbüchsen und Stöcken bewaffnet halten sie die mit Kakaobohnen beladenen Lastwagen an und erpressen Schutzgeld von den Fahrern. Die Exporteure organisieren Konvois, um sich gegen das Verschwinden der Ware zu schützen. Die Blockaden nehmen zu. Die Herren des Asphalts passen die Höhe ihrer »Abgaben« dem Kakaokurs auf dem Weltmarkt an. Während der Transport zu den Häfen früher einen Tag dauerte, sind es nun drei oder vier. Die ivorische Wirtschaft ist in Auflösung begriffen. Natürlich beschuldigt in dieser vergifteten Atmosphäre jeder den anderen der Korruption. Schlammschlachten werden geschlagen und besudeln das Bild, das die Bürger sich von ihren Führern und der Demokratie in ihrem Land machen. Permanent wird Abrechnung in Westernmanier betrieben.

Im Juli 2002, ein Jahr nach der Schaffung der neuen Verwaltungsorganisationen für die Einnahmen aus dem Kakao, enthüllt ein Untersuchungsbericht die Veruntreuungen, die in der ANAPROCI, der Vereinigung der Erzeuger, gang und gäbe sind. Der Verfasser, ein hoher ivorischer Beamter der staatlichen Kontrollbehörde, hat diesen Bericht im Auftrag des Präsidenten Laurent Gbagbo erstellt. Dieser möchte auf Druck der internationalen Geldgeber die Kritiker an seinem Land zum Verstummen bringen, die die schlechte Finanzverwaltung anprangern. Bedauerlicherweise sind die Schlussfolgerungen des Verfassers François Kouadio weit davon entfernt, die Erwartungen der Machthaber zu erfüllen.

Nach einer Bestandsaufnahme der vielen öffentlichen, privaten und halböffentlichen Institutionen, die in den vergangenen drei Jahren geschaffen wurden, stellt der Prüfer vielmehr fest, dass ihre Rollen unzureichend definiert wurden und ihre Kompetenzen sich überschneiden. Diese Unklarheit in Verbindung mit dem Fehlen einer wirklich repräsentativen Vertretung der Landwirtschaft hat den schlimmsten Entgleisungen

Tür und Tor geöffnet. Henri Amouzou, der Präsident der ANAPROCI, hat Gelder aus dem Kakaogeschäft entwendet, um eine Kakaoexportfirma zu kaufen. Der Kakao-und-Kaffee-Sektor des Landes ist völlig unter den Einfluss einer Gruppe von zweiunddreißig Personen geraten, den von Patrick Achi eingeführten zweiunddreißig Delegierten der Bezirke, die die Posten innerhalb der verschiedenen Verwaltungsorganisationen des Kakaosektors untereinander verteilen. Der Bericht erhält nicht das offizielle Staatssiegel.

Dennoch wird der Bericht durch den Berater Guy-André Kieffer, der als ausgewiesener Spezialist den Behörden in Abidjan bei der Reformierung des Kakaosektors zur Seite stehen soll, den westlichen Botschaften zugespielt. Guy-André Kieffer, Kanadier und ehemaliger Journalist der Pariser Wirtschaftszeitung *La Tribune*, ist empört über die Unterschlagungen im Kakaosektor. Er macht sie zu seiner Herzensangelegenheit. Der geborene Journalist verfügt über hochbrisante Informationen, die er in den Kreisen der ivorischen Führer gesammelt hat.

Die Redaktionen in Paris wollen nichts davon wissen, denn alle Aufmerksamkeit ist auf die Spannungen zwischen Washington und Bagdad und den Irakkrieg gerichtet. Kieffer publiziert seine Informationen in der Presse von Abidjan. Sie sorgen oft für Unruhe. Als das Klima zu angespannt wird, flüchtet er nach Ghana … bis zum 16. April 2004. An diesem Tag verschwindet dieser Freund der Elfenbeinküste nach einem Treffen mit einem Abgesandten der Familie des Präsidenten. Auch der Prüfer François Kouadio hat keine Ruhe. Er bezieht eine ordentliche Tracht Prügel und muss sich monatelang verstecken und auf der Flucht vor Morddrohungen jeden Abend das Quartier wechseln. Dabei ist der Höhepunkt der Unterschlagungen noch lange nicht erreicht.

Die Beute ist verschwunden

Als im Juni 2003 die Weltmarktpreise für Kakao in den Keller fallen und die Erzeuger lauthals die Kompensierung der Einkommensverluste der Produzenten fordern, kann der dafür zuständige FRC von den bis dato eingesammelten 200 Millionen Euro gerade einmal 30 Millionen Euro auftreiben. Der Rest, 170 Millionen Euro, hat sich in Luft aufgelöst. Niemand wird je erfahren, wohin sie verschwunden sind. Einige Wochen später gestehen die Führer des ivorischen Kakaosektors, theoretisch allesamt Vertreter der Bauern, ohne mit der Wimper zu zucken, dass ein Teil des Kapitals des FRC, nämlich 15 Millionen Euro, dem Präsidenten der Republik als Beitrag zur Aufrechterhaltung der Sicherheit im Land zur Verfügung gestellt wurde. Im Klartext heißt das, dass Präsident Gbagbo mithilfe von Geldern, die theoretisch für den Lebensunterhalt der Bauern bestimmt waren, Waffen kaufen konnte, um gegen die Rebellen im Norden des Landes zu kämpfen. Doch das ist nur ein Tropfen im Meer. Zwischen Januar 2001 und Juli 2003 entzogen die diversen Organisationen der ivorischen Kakaoverwaltung, sämtlich unter der Kontrolle der Pflanzerverbände, die Bagatelle von 450 Millionen Euro. Was spielen da 15 Millionen schon für eine Rolle?

Immerhin hat diese Affäre im Juli 2003 eine neue internationale Rechnungsprüfung zur Folge. Doch die Weltbank, der Internationale Währungsfonds und die Europäische Union, denen sehr an einer korrekten Verwaltung dieses Schlüsselsektors der ivorischen Volkswirtschaft gelegen ist, können nur noch den Schaden feststellen. Unvollständige Buchungsunterlagen, fehlende Dokumente, nicht geführte Register, dubiose

Papiere. Schlimmer noch. Diese Untersuchung, die offiziell im Auftrag des Wirtschafts- und Finanzministeriums der Elfenbeinküste durchgeführt wird, muss unzählige Hindernisse überwinden. Die Ermittler, Spezialisten der großen internationalen Wirtschaftsprüfungsfirmen, finden sich oft vor verschlossenen Türen wieder. Sie erhalten keinen Zugang zu den Gebäuden, in denen die ivorischen Institutionen des Kakaohandels ihren Sitz haben. »Man kann uns doch keine Untersuchung aufzwingen, nur weil die ivorischen Bauern dem Präsidenten der Republik eine bedeutende Geldsumme zur Verteidigung der tapferen ivorischen Bevölkerung übergeben haben!«, empört sich im August 2003 der Präsident der Kakao-und-Kaffee-Börse, Lucien Tape Doh.

Die Waffenlieferanten wiederum agieren praktisch unverhüllt. Im Februar 2003 taucht in Gestalt von Christian Garnier, einem Franzosen mit einer langen und verschlungenen Vorgeschichte in Afrika, eine mysteriöse Firma namens Gambit mit Sitz in Luxemburg auf. Der Franzose, der unablässig an Bord einer von seiner Firma gecharterten Falcon zwischen Afrika und Europa hin- und herpendelt, behauptet, 80 Prozent der ivorischen Ernte als Termingeschäft kaufen zu wollen. Er habe bereits einige Verträge mit einer Hand voll Genossenschaften abgeschlossen. Sie verpflichten sich, ihm ihre gesamte Produktion zu liefern. Im Gegenzug garantieren Garnier und Gambit ihnen dreimal so hohe Einkünfte, wie sie sie beim Verkauf an die großen multinationalen Unternehmen erzielen würden. Ein Traumvorschlag, aber vollkommen unrealistisch. Doch was spielt das schon für eine Rolle? Garnier machte kein Hehl daraus, dass er sich auf diese Weise ein Zugangsrecht ins Land verschaffen wollte. Sein erklärtes Ziel war es, Waffen an Präsident Gbagbo zu liefern. Unerklärlicherweise geht das

Manöver Gambits und seines afrikanischen Vertreters Garnier schief. Die kleine Schmugglertruppe verschwindet schnell von der ivorischen Bildfläche. Aber der Versuch zeigt anschaulich, wie es um das Land bestellt ist.

Einige Zeit später tauchen etwa 30 Millionen Euro, die aus der Elfenbeinküste stammen, in den Vereinigten Staaten auf. Genauer gesagt in Fulton, einer Kleinstadt im Staat New York, die in einer schweren Wirtschaftskrise steckt. Arbeitsplatzmangel und Verlagerung von Arbeitsplätzen ins Ausland haben verheerende Folgen. Eines der letzten Unternehmen, die dort dichtgemacht haben, ist Nestlé. Seit 1902 betrieb Nestlé dort eine Mahlfabrik für Kakaobohnen. Ein riesiges rotes Schild über dem Eingangstor weist auf den Schweizer Multi hin. Doch die Hallen sind leer: Die Verantwortlichen bei Nestlé kamen zu dem Schluss, dass dieser Standort nicht länger den Erfordernissen des modernen Marktes entsprach. Die große Entfernung zu den Häfen erfordert einen Transport der Bohnen per Lastwagen oder Zug. Diese Kosten gilt es zu vermeiden.

Fulton hat zudem den Nachteil, dass es zu weit von den großen Konsumzentren entfernt liegt. Die Auslastung der Fabrik sinkt kontinuierlich. Der Duft von Schokolade in der Umgebung wird immer unmerklicher. Die Anzahl der Angestellten schmilzt zusehends dahin. Nestlé sucht einen Aufkäufer. Alle großen Schokoladeproduzenten in den Vereinigten Staaten statten dem Eigentümer einen Besuch ab. Ihr Urteil ist unwiderruflich. Nestlé tut gut daran aufzugeben.

Die Maschinen in der Fabrik sind veraltet und in schlechtem Zustand. Anstatt sich noch lange mit diesem Klotz am Bein zu beschweren, überlässt Nestlé die Räumlichkeiten am Ende für den symbolischen Preis von hundert Dollar der Gemeinde Fulton. Glücksfall: Der Chef eines Investitionsfonds bekommt

Wind von der Geschichte. Zufällig stammt dieser Kapitalist von der Elfenbeinküste. Er nimmt Kontakt zur Regierung in Abidjan auf, die ein gutes Geschäft wittert. Der ivorische Finanzminister und der Berater für industrielle Angelegenheiten des Präsidenten Gbagbo begeben sich an Ort und Stelle und beschließen, Gas zu geben. Der Berater des Präsidenten lässt sich in Fulton nieder und wird dort Chef eines neuen Unternehmens, der »New York Chocolate Confections Company«. Diese verfolgt ein höchst ehrgeiziges Ziel. Nicht weniger als 150 000 Tonnen Bohnen sollen dort gemahlen werden. Mehr als zehn Prozent der ivorischen Produktion.

Nach Ansicht von Jean-Claude Amon, dem Berater des Präsidenten, wird diese Investition »den Teufelskreis der Unterentwicklung durchbrechen«. Anders gesagt, die ivorischen Kakaoerzeuger werden durch den Bau einer Fabrik auf amerikanischem Territorium ein grandioses Geschäft machen. Nicht genug damit, dass sie die ewigen Mahnungen vieler Ökonomen befolgen, die den Ländern der Dritten Welt raten, ihre Rohstoffe vor dem Export weiterzuverarbeiten, um ihre Gewinne zu steigern, nein, die Ivorer machen das sogar auf dem Territorium des Gegners selbst. Sie werden im Herzen der imperialistischen Großmacht investieren. Was macht es da schon, dass das Geld aus der Kasse des Regulierungs-und-Kontroll-Fonds stammt, der ganz und gar nicht dieses Ziel verfolgt. Was macht es schon, dass der Verwaltungsrat und die Leitung dieses FRC auf der Gehaltsliste der Regierung stehen und über keinerlei Legitimation verfügen. Muss man nicht ein paar Opfer bringen, um den »Teufelskreis der Unterentwicklung zu durchbrechen«?

Die amerikanischen Vertreter der Behörde für industrielle Entwicklung des County von Oswego wiederum, die die Fäden der Manipulation in der Hand halten, sind nur allzu erfreut über die Tatsache, dass aus dem Sack dieser ivorischen Weihnachtsmänner ein paar Dutzend Arbeitsplätze herausspringen. Hat Charles Schumer, der demokratische Senator von New York, nicht Subventionen versprochen? Eine Million Dollar Soforthilfe, sechzehn weitere, wenn die vierhundert Arbeitsplätze wirklich geschaffen werden. Hillary Clinton persönlich hat sich erfreut über diese Investition gezeigt. Und wer sollte sich in der am Rand eines Bürgerkriegs stehenden Elfenbeinküste Gedanken über eine eventuelle Rückführung der Gewinne machen? Warum sollte man verpflichtet sein, den ivorischen Bauern Rechenschaft abzulegen, deren Beiträge zur Reduzierung der amerikanischen Arbeitslosigkeit benutzt werden?

Epilog

Sechs Jahre, nachdem die Führer der Weltbank zu einer Reform gedrängt haben, ziehen sie ein vernichtendes Resümee der Situation. Wie am ersten Tag prangern sie den Zugriff des Staats und einer kleinen bäuerlichen Elite auf die Goldgrube Kakao mithilfe einer »Vielzahl von nutzlosen Institutionen, die die staatlich sanktionierten Beitragszahlungen missbrauchen« an. Ihrer Ansicht nach hat die Liberalisierung noch nicht stattgefunden. Die zwischen 1998 und 2004 eingeleiteten Maßnahmen haben den Lebensstandard der Bauern nicht verbessert. Sie erhalten weiterhin nur einen winzigen Bruchteil des Weltmarktpreises für Kakao. Die Korruption erreicht nie geahnte Ausmaße.

Im September 2004 scheint der Tiefpunkt erreicht. Dank der unzähligen Unterschlagungen, die die Verantwortlichen des Kakaosektors begangen haben, sind die Kassen leer. Die Bauern warten vergeblich auf die vielen Milliarden CFA-Francs, die Summe ihrer Beitragsleistungen, mit denen die Ernte vorfinanziert werden sollte. Die Produzenten rebellieren, demonstrieren und weigern sich, ihre Ernte auszuliefern. Nicht um gegen den Verfall der Weltmarktkurse zu protestieren, sondern um von ihren Führern die Beihilfen zu erhalten, die ihnen zustehen. Doch das Geld wurde zum Kauf der Jagdbomber der Regierung verwendet, die Anfang November 2004 nach dem Tod von neun Soldaten der Force Licorne, die eine Pufferzone zwischen Rebellen und Regierungstruppen bilden sollte, in Flammen aufgehen.

Das Verschwinden der Ausgleichskasse hat somit weiter zur Destabilisierung dieses Landes beigetragen, das von seinen Führern Schritt für Schritt in eine explosive Situation gesteuert wurde, wie die schweren Auseinandersetzungen Anfang November 2004 zeigen. Diese führten zur Ausreise von tausenden französischer Staatsbürger und zum wiederholten Male zum Stillstand der Kakaoexporte.

Der einzige Lichtblick in diesem düsteren Szenario ist, dass die Kakaoproduktion selbst in den schlimmsten politischen Zeiten des Landes nicht zusammenbricht. Die Produktion steigt sogar weiterhin, was nach Ansicht der Agronomen auf eine »grüne Revolution« im ivorischen Kakaosektor hinweist. Das liegt daran, dass sechs chaotische Jahre die ländliche ivorische Mittelschicht noch nicht von der Landkarte radiert haben. Diese ist noch ein Überbleibsel aus den Zeiten von Félix Houphouët-Boigny und gut ausgebildet. Sie verfügt über reale Kompetenzen. Allen Schicksalsschlägen zum Trotz hält sie die wichtigste Wirtschaftssparte des Landes noch am Laufen. Das wird allerdings nicht ewig so bleiben. Denn während dieser

Zeit bereitet man sich auf der anderen Seite der Grenze in Ghana, wo die politische Lage stabil ist und die Kakaoproduktion ebenfalls Jahr für Jahr beträchtlich steigt, auf den Tag der Machtübernahme vor, wenn die Elfenbeinküste es dank Inkompetenz, Unterschlagungen und Spaltungen endlich geschafft haben wird, die schöne Maschine zur Kakaoproduktion und Reichtumsschöpfung zu zerstören, die Anfang der Fünfzigerjahre in Gang gesetzt wurde.

2.

KAFFEE

An einem kalten Winterabend kamen Francine und Nicole, zwei muntere, siebzigjährige Pariserinnen, unter vielen anderen hochinteressanten Themen auch auf die Qualität des Kaffees zu sprechen, den sie in letzter Zeit getrunken haben. »Vor kurzem«, bemerkte Francine, »blieb mir nichts anderes mehr übrig, als ein ganzes Paket Kaffee von einer bekannten Marke wegzuwerfen. Er hat nach überhaupt nichts geschmeckt.« Nicole nickte zustimmend. Auch sie als Liebhaberin von Instant Kaffee stellte seit einiger Zeit fest, dass die kleinen Tütchen nicht mehr das Aroma früherer Zeiten verströmten.

Nun schaltete sich Sylvie ein. Die »kleinen Schwarzen« in ihrem Lieblingsrestaurant schmeckten nicht mehr wie gewohnt. Dabei schwor der Restaurantbesitzer Stein und Bein, er könne nichts dafür. Er hatte seinen Lieferanten nicht gewechselt, und seine Kaffeemaschinen wurden regelmäßig gewartet.

Alle drei hatten Recht. Zahlreiche Verbraucher in Europa kommen zum gleichen Schluss und schränken ihren Kaffeeverbrauch ein. In Deutschland ging der Konsum im Jahr 2003 um dreißig Prozent zurück. Die großen multinationalen Kaffeeröster sowie die Organisationen der Produktionsländer und Verbraucher sind sich des Problems bewusst und versuchen Abhilfe zu schaffen. Doch der Hauptgrund für die Verschlechterung der Kaffeequalität in letzter Zeit ist nur schwer in den

Griff zu bekommen: Es ist der Verfall der Weltmarktpreise für Kaffee.

Anfang des neuen Jahrtausends sinkt der internationale Kaffeepreis auf ein nie zuvor gekanntes Niveau. An der Rohstoffbörse von New York, wo die feinsten Kaffeesorten der Welt notiert werden, die Arabica-Bohnen aus Lateinamerika, ist das Kilo nur noch 50 amerikanische Cents wert, die Hälfte der Produktionskosten. In London, wo die Robusta-Sorten aus Afrika und Asien notiert sind, erreicht die Tonne die Marke von 400 Dollar: Unglaublich, wenn man weiß, dass die Bauern erst bei einem Preis über 1200 Dollar ein reales Einkommen haben.

Zuerst verkünden die Experten der Internationalen Kaffeeorganisation, dass die Preise ihren niedrigsten Stand seit dreißig Jahren erreicht haben. Dann greifen sie noch einmal zu ihren Taschenrechnern und stellen fest, dass die Preise bei konstanter Dollarbasis das niedrigste Niveau seit einem Jahrhundert erreicht haben. Im Klartext heißt das, dass die Preise permanent gesunken sind, seitdem mehr oder weniger genau über ihre Entwicklung Buch geführt wird. Der Graph, der diesen Verfall darstellt, ähnelt weniger einer Kurve als einer Diagonalen, die von der linken oberen Ecke ausgeht und der rechten unteren Ecke eines Rechtecks zustrebt.

Legt man einen konstanten Dollarpreis zugrunde, so ist auch die Verarmung konstant. Kaffeepflanzen ruiniert die Bauern. Jede geerntete Bohne ist ein weiterer Schritt in den Ruin und ins Elend. Unter diesen Umständen kommt es nicht infrage, auch nur einen Cent in den Kauf von Dünger oder Pestiziden zu investieren. Niemand wird sich abrackern, um ein gutes Produkt zu erzeugen. Mit leerem Bauch arbeitet es sich schlecht. Schließlich kommt der Augenblick, in dem man die Arbeit niederlegt, und ohne den Grund zu kennen, leiden

Francine und Nicole in Paris unter den Auswirkungen der weltweiten Krise des Kaffeemarkts.

Während die Finanzwelt und die Medien nur Augen für den kometenhaften Aufstieg der New Economy und ihrer *golden boys* haben, hat die Kaffeekrise mit größter Diskretion weltweit zugeschlagen. Im November 2003 sinkt das Einkommen der Pflanzer am Kilimandscharo um mehr als 50 Prozent. In Äthiopien, wo der Legende nach einige Mönche im 13. Jahrhundert die aufputschende Wirkung dieser neuen Pflanze entdeckten, nachdem ihnen aufgefallen war, wie unruhig ihre Ziegen nach dem Verzehr einiger roter und grüner Bohnen geworden waren, verloren die Kaffeepflanzer 40 Prozent ihrer ohnehin schon lächerlich geringen Kaufkraft. Nach einem Krieg mit Eritrea, der die öffentlichen Finanzen beider Länder ruinierte, gingen Eritreas Exporterträge und Deviseneinnahmen also um die Hälfte zurück – was seine Position an vorderster Front in der Hitparade der ärmsten Länder der Erde noch weiter stärkte. Die indische und die indonesische Produktion in Asien sind gleichermaßen betroffen. Man spricht nur weniger darüber, weil die Wirtschaft dieser Länder nicht nur vom Kaffeeexport abhängig ist.

Lateinamerika: die Katastrophe

Nirgendwo jedoch war die Krise so augenfällig und so brutal wie in Lateinamerika. Der Sturz der Kaffeekurse hatte dort Arbeitslosigkeit und Elend, Konkurse und Dramen zur Folge. Denn die Kaffeeproduktion spielt in dieser Region eine zentrale Rolle. Im Dezember 2002 machten sich die Landarbeiter entlang der gesamten zentralamerikanischen Landbrücke vom mexikanischen Chiapas – wo der Kurssturz 1989 während der vorhergehenden Krise zahlreiche Bauern in die Arme der zapatistischen Guerilla getrieben hatte – aus auf ihre langsame Wanderung bis nach Panama zu den sanften Hängen der Kaffeeanbaugebiete. Von Oktober bis Januar arbeiten sie unterhalb einer Höhe von tausend Metern. Dort findet man die Arabica-Pflanzen mittlerer Qualität. Erst im Januar dringen die *peones*, die »Kaffeeknechte«, in Höhen über tausend Meter vor, um die hochwertigen Kirschen von den Sträuchern zu pflücken.

Doch die Zahl der Landarbeiter auf den Plantagen schrumpft immer mehr. In Honduras lebten traditionell hunderttausend Pflanzer vom Kaffee. Da der Kurs die Produktionskosten nicht mehr deckt, wird das soziale Netz destabilisiert, und das trifft überschuldete Großproduzenten ebenso wie die Tagelöhner, deren soziale Lage per Definition schon unsicher ist.

Die Situation treibt viele junge Leute in die Hauptstadt Tegucigalpa, wo sie das Heer der Hungerleider weiter anschwellen lassen. Manche begnügen sich nicht damit, sondern versuchen in klapprigen Bussen und schnaubenden Kleinlastern die Grenze nach Norden, ins amerikanische Eldorado, zu überschreiten. Manchen von ihnen gelingt das. Andere, die weniger Glück haben, werden verhaftet oder, schlimmer noch, verhungern und verdursten bei der Durchquerung der schrecklichen Wüste von Arizona.

Im benachbarten Nicaragua werden die Landarbeiter von dem Land vertrieben, auf dem sie gelebt haben. Die Plantagen verfallen, und zehntausende von armen Teufeln ziehen jämmerlich die Panamericana entlang und blockieren gelegentlich in einem Akt der Verzweiflung den Verkehr.

In El Salvador ist die Lage nicht besser. Die *fincas*, die großen Plantagen, beschäftigen nur noch 50 000 Landarbeiter. Ende der Neunzigerjahre waren es 160 000. 2003 sinken die Produktion und die Exporte um 40 Prozent. Um überleben zu können, muss die Branche 340 Millionen Dollar Schulden aufnehmen, also viermal so viel wie die Ernteeinnahmen von 2002. Glaubt man den Daten der internationalen Behörden, so vegetiert in diesen Krisenjahren eine Million Menschen in Zentralamerika am Rand einer Hungersnot.

Auch Guatemala, hinter dem vierzig Jahre Bürgerkrieg mit 200 000 Toten liegen, ergeht es nicht besser. Guatemala, das wichtigste Land Zentralamerikas abgesehen von Mexiko, hat den Gourmets seit jeher einen auserlesenen Kaffee beschert. Ob aus Antigua, der ehemaligen Hauptstadt, oder von den Ufern des Atitlán-Sees, der guatemaltekische Kaffee ist immer gleichermaßen gefragt. Niemals wurden die Kaffeeexporte unterbrochen. Selbst in den schlimmsten Jahren der Militärdiktaturen, während die Armee die Guerilla hetzte und die indianische Bevölkerung unterdrückte, liefen die Geschäfte weiter.

Die Kaffeekultur spielt eine zentrale Rolle in der politischen, wirtschaftlichen und sozialen Struktur des Landes. Der Vorsitz des Verbands der Kaffeeproduzenten kann den Weg in eine hochkarätige politische Karriere ebnen. Präsident Berger allerdings, der 2003 ins höchste Amt gewählt wurde, hatte diesen Weg nicht nötig. Der Großgrundbesitzer und vormalige Kaffeegroßproduzent ließ alle seine Sträucher herausreißen, um der Krise zu entgehen. Wo früher jedes Jahr Kaffeekirschen wuchsen, stehen nun in schnurgeraden Reihen Kautschukbäume und Bananenstauden. Damit wurde der Übergang von einer traditionellen Anbauweise, die auf menschlicher Arbeitskraft und sorgfältiger Handarbeit beruhte, zu einer Landwirtschaft mit großem Maschineneinsatz vollzogen. Unglücklicherweise ist die Zahl der guatemaltekischen Kaffeeproduzenten, die zu einer solchen Kehrtwende und zu solchen Investitionen in der Lage sind, sehr gering. Kaum einmal 200 von 60 000 besitzen das dazu nötige Kapital. Die anderen, alle anderen, sind der Krise ausgeliefert.

Was tun, wenn man in solch einer verzweifelten Lage ist wie zum Beispiel Tito Morales, dessen Familie schon seit so langer Zeit Kaffee anbaut, dass der Familienstammbaum in den Plantagen gewissermaßen Wurzeln geschlagen hat? Zermürbt und erschöpft muss auch der gut vierzigjährige Morales, der eine Plantage mit vierzig Hektar führt, wie so viele andere gewaltige Schulden aufnehmen. Ein Kredit ist unvermeidlich, um den Betrieb aufrechtzuerhalten, wenn die Weltmarktpreise nicht kostendeckend sind und wenn man die Arbeiter weiter bezahlen will, damit sie die Pflanzungen instand halten.

Die Banken lassen sich immer mehr bitten. Sie wissen, dass die Branche immer weniger Erträge abwirft und dass diese Kunden immer weniger solvent sind. Oft werden die Pflanzer von den Filialleitern der Banken gar nicht mehr empfangen. So kommt es, dass Tito Morales, um seinen Status als Unternehmer zu wahren und um eine Lebensweise zu erhalten, die schon die seines Vaters und Urgroßvaters war, ständig zwischen seinen Ländereien und der Hauptstadt Ciudad de Guatemala, wo seine Gläubiger sitzen, hin- und herpendelt.

Der wichtigste von ihnen tätigt seine Geschäfte in einem Haus in den vornehmen Vierteln der Hauptstadt. Als Tribut an die grassierende Unsicherheit ist vor dem Eingang in das Gärtchen um das Haus in einem Unterstand ein Wachposten mit einer Schrotflinte mit abgesägtem Lauf postiert.

Don Lorenzo, in den Achtzigerjahren selbst Präsident der

Vereinigung der Kaffeeexporteure, residiert in einem großen klimatisierten Raum, der mit einigen abgenutzten Kanapees und einem Schaukelstuhl möbliert ist, in dem er den größten Teil seiner Zeit verbringt. Der Computer auf dem Schreibtisch verbindet Don Lorenzo mit der Außenwelt. Dank seines Abonnements von Reuters Wirtschaftsdienst kann er die Entwicklung der Kaffeekurse an der Börse von New York in Realzeit mitverfolgen.

Don Lorenzo alias Laurent Vidal, ein wortgewandter und umgänglicher Guatemalteke französischer Abstammung, exportiert seit Jahrzehnten Kaffee aus Zentralamerika. Sein Job ist es, so billig wie möglich einzukaufen und im Auftrag eines kleinen multinationalen Unternehmens in El Salvador namens Coex mit maximalem Profit wieder zu verkaufen. Billig einkaufen ist in diesen Zeiten kein Problem. Die Erzeuger, deren Kaffee er gewöhnlich aufkauft, sind nach mehreren Krisenjahren finanziell am Ende. Ihre Bankkonten sind im Minus. Sie erhalten keine Kredite mehr. Da springt Don Lorenzo ein, er verleiht Geld und schießt die Mittel vor, damit sie Dünger, die Angestellten, die Schule für die Kinder und das Benzin fürs Auto bezahlen können.

2002 schulden ihm die Hand voll Pflanzer, die ihn beliefern, die Kleinigkeit von 14 Millionen Dollar. Weil die Kaffeekrise nicht enden will, weil die Kurse zu niedrig bleiben, als dass man anständig davon leben könnte, können Tito Morales und seine Kollegen ihre Schulden nicht begleichen. So erscheinen sie regelmäßig wie zu ihrer Hinrichtung vor dem Unterstand, aus dem die Schrotflinte hervorragt, durchqueren den Garten, der das Haus umgibt, und lassen sich in die Kanapees mit den verblichenen Bezügen fallen. Dort sitzen sie, als würden sie auf ihren Henker warten, und erläutern ihre schwierige Situation, während Don Lorenzos Finger auf der Tastatur klimpern. Man nimmt einen Kaffee. Jeder im Raum kennt die Spielregeln, weiß um ihre Macht und ihre Unerbittlichkeit. »Wenn du nicht zahlst, wirst du gepfändet«, droht Don Lorenzo.

So kommt es, dass man auf den Terrassen der schicken Cafés von Ciudad de Guatemala den gefallenen Engeln der großen Kaffeefamilien begegnen kann. Die vorhergehende oder die drittletzte Krise hat den Clan ruiniert. Die Ländereien sind weg, verkauft an die Bank oder einen Gläubiger. Nichts ist geblieben als Erinnerungen an vergangene Größe, als man einfach das Flugzeug nehmen konnte, um ein Wochenende in Miami zu verbringen, und an die Lust, noch einmal Kaffee in den Händen zu spüren, und an die Fahrten in eine Finca am anderen Ende des Landes. Dort erwarb man einige Säcke, sicher die besten, die der Exporteur, dem man sie versprochen hat, jemals gesehen hat.

Das Los der *peones*, der Landarbeiter, ist weitaus elender. Sie werden meistens nach Stücklohn, körbeweise, bezahlt und verdienen kaum noch mehr als zwei Dollar am Tag. Damit es schneller geht, damit man mehr Körbe schafft, nimmt man die Kinder mit aufs Feld und lässt sie mitarbeiten. Gelegentlich bricht eine Revolte aus. Ende 2001 besetzten an die hundert Familien eingedenk der großen lateinamerikanischen Tradition der Landbesetzungen eine Finca in Alta Verapaz im Zentrum Guatemalas. Sie verkündeten: »Wir weichen hier nur tot«, und wandelten damit unwissentlich einen Ausspruch Mirabeaus aus der Zeit der Französischen Revolution ab: »Wir weichen nur der Macht der Bajonette.« Aber waren sie bei ihrer Ankunft überhaupt noch lebendig, diese armseligen Tagelöhner, deren Eltern und Großeltern im Dienste des Besitzers seit Jahrzehnten schon das gleiche Land umgegraben hatten?

Oder diese unterernährten Kinder mit ihrer rudimentären Schulbildung, die man davonjagte und hinauswarf mit der Begründung, dass irgendwo dort drüben, in New York, die Kaffeekurse zusammengebrochen seien?

Hatten sie nicht allen Grund, sich aufzulehnen, weil ihre Brüder und Cousins, ihre Nachbarn, die sich wie jedes Jahr mit Kind und Kegel zu den Plantagen im Süden aufgemacht hatten, um dort ein paar Dollar, ein paar Quetzal zu verdienen, mit denen sie mit Müh und Not über den Rest des Jahres kamen, unverrichteter Dinge und zum Schweigen verurteilt zurückgekehrt waren?

Bei der Ankunft des Busses, der sie von ihrem Heimatdorf nach achtundvierzig Stunden Fahrt zu den Plantagen brachte, hatte der Besitzer ihnen erklärt, dass es keinen Kaffee zu ernten gäbe, keine Arbeit, kein Geld. Wie sollte man das verstehen, wo die Kirschen doch greifbar an den Sträuchern hingen? Manche boten nun sogar an, für Unterkunft und Verpflegung auch ohne Bezahlung zu bleiben, immer noch besser als eine Rückkehr ins sichere Elend. Doch selbst das war dem Besitzer zu viel. Wie sollte er zweihundert Arbeiter plus ihre Familien ernähren, wenn die Banken schon parat standen, um die Plantage zu pfänden?

Selbst in Costa Rica, dem reichsten, stabilsten und am stärksten europäisch geprägten Land der Region – obwohl es in Wirklichkeit sehr amerikanisch ist –, richtet die Kaffeekrise ungeheure Schäden an. Eingebettet in ein regionales Universum, das von Staatsstreichen, Rebellionen und Massakern geprägt ist, gründete das Land seine Entwicklung und seine unbezweifelbare politische Stabilität auf den Kaffeeanbau. Schon um 1830 tauchen die ersten Sträucher auf und vermehren sich dank der erfolgreichen Exporte.

Um den Transport der Kaffeesäcke von den entlegensten Gebieten, meilenweit entfernt von jeder Fahrstraße, zu den Häfen zu erleichtern, fördert die Regierung in San José die Einfuhr vierrädriger Karren. Alle Familien auf dem Land versuchen sich als Kaffeebauern. Der durch die Exporte gewonnene Reichtum führt ab 1840 zu einer Blütezeit von San José. Eine Universität, ein städtisches Theater, das Krankenhaus San Juan de Dios und der Präsidentenpalast, das Symbol der Republik Costa Rica, entstehen. Achille Bigaud, ein französischer Maler, wird zum Porträtisten der Kaffeebarone. 1890 beginnt der Bau der Eisenbahn. 1933 gründen die Costa-Ricaner die Behörde zur Regulierung des Kaffeesektors.

Der Zweite Weltkrieg setzt diesem Aufschwung ein Ende. Ihrer europäischen Märkte beraubt, sind die Exporteure von San José nun auf ihre nordamerikanischen Kunden angewiesen. Das Quintal Kaffee, knapp fünfzig Kilo in der angelsächsischen Welt, ist während des gesamten Konflikts 15 Dollar wert, während die Kosten für Produktion und Vertrieb weit darüber liegen.

In allen Ländern Lateinamerikas, in denen Kaffee produziert wird, verschlechtert sich die wirtschaftliche Situation. Die lateinamerikanischen Länder protestieren offiziell bei den amerikanischen Behörden, die ihre Beschwerden abschlägig bescheiden. Erst der Marshall-Plan, der von den Amerikanern nach dem Krieg zum Wiederaufbau der in Trümmern liegenden europäischen Wirtschaft aufgestellt wird, bewirkt eine Steigerung des Kaffeekonsums in Europa und eine Anhebung des Lebensstandards der Produzenten. Doch die Erholung ist nur von kurzer Dauer. 1958 brechen die Kurse aufgrund einer Überproduktion erneut ein.

Das ist auch der geschichtliche Hintergrund von Don Fernando Felipe Terán; er sitzt hinter den Gittern seiner Finca aus Familienbesitz. Nachdem man einen Wachposten mit einer demonstrativ sichtbaren Pistole passiert hat, folgt man einem sanft ansteigenden, von gepflegten Rasenflächen gesäumten Weg. Die Angestelltenbehausungen etwas weiter oben entlang des Wegs sind alle blau und weiß, in den Farben der Domäne, gestrichen. Noch ein paar Schritte, und man gelangt zum *beneficio*, dem Verarbeitungszentrum des Kaffees. Dort wird der Kaffee sortiert, gewaschen, getrocknet, in Säcke verpackt und bis zum Export in den Speichern bei einem genau kontrollierten Feuchtigkeitsgehalt gelagert. Jedes Jahr werden dort etwa zehntausend Säcke Kaffee produziert, keine allzu große Menge, die in alle Himmelsrichtungen versandt werden. Dank ihrer weltweit anerkannten Qualität und dank dem Verhandlungsgeschick des Hausherrn erzielen die Arabicas von Don Fernando einen doppelt so hohen Preis wie den an der New Yorker Börse.

Doch trotz dieser außergewöhnlich hohen Verkaufspreise werden die Produktionskosten in diesen Krisenzeiten dadurch nicht gedeckt. Don Fernando ist gezwungen, die Ausgaben zu kürzen. Um Kosten zu sparen, hat man folglich den Zeitabstand zwischen den Düngergaben vergrößert. Man spart Wasser: Man gießt den Boden, nicht aber die Sträucher. Im Gegensatz zur örtlichen Tradition lässt man nun Bäume als Schattenspender wachsen. Im Schatten von Zweigen wächst weniger Unkraut, das spart Kosten für Arbeitskräfte. Die Behausungen der Angestellten, die unter dem Schutz einer für die Region sehr fortschrittlichen Gesetzgebung stehen, werden nicht mehr so häufig angestrichen. Außerdem sah sich Don Fernando gezwungen, einige Ländereien aus dem Familienbesitz herauszulösen. Die Ländereien in unmittelbarer Nähe der Hauptstadt wurden zu Baugrundstücken. Denn rund um San José treibt der demographische Druck die Immobilienpreise in die Höhe. Beton bringt mehr ein als Kaffee. Doch unter dem Beton wächst kein Kaffee mehr.

Entlang der gesamten zentralamerikanischen Landbrücke bedrohen die durch den Verfall der Kaffeekurse bedingten wirtschaftlichen Probleme die politische Stabilität dieser zerbrechlichen Demokratien. In Costa Rica machen sich die Bürger und die politischen Führer Sorgen um den Fortbestand der bestehenden Demokratie. Der Mechanismus zur Verteilung des Reichtums unter den verschiedenen sozialen Klassen, die Basis dieser politischen Stabilität, könnte den Zusammenbruch der Kaffeekurse nicht überleben.

In Guatemala wurden binnen weniger Jahre die schlimmsten Befürchtungen wahr. Das Land erholt sich nur mühsam von vier Jahrzehnten Bürgerkrieg. Ohne Unterbrechung löste dort ein brutales Militärregime das nächste ab. Die indianische Mehrheit des Landes wurde unterdrückt, die Guerillagruppen der extremen Linken gnadenlos gejagt, und Menschenrechtler wurden erbarmungslos Repressalien ausgesetzt.

Die Nobelpreisträgerin Rigoberta Menchú hat noch jede Menge Arbeit. Die Gesellschaft ist noch immer gewaltverseucht. Die Ärmsten, die oft aufgrund der Kaffeekrise über keinerlei Einkommen verfügen, driften in die Kriminalität ab. Die zahlreichen Touristen in diesem schönen Land sind das bevorzugte Ziel der Gangs. Die Regierung ist darüber besorgt und postiert immer mehr Polizeikräfte entlang der Touristenpfade. Aber keine Polizeiabsperrung wird je Armut und Elend daran hindern, ein Ventil zu finden. Das Land, das früher eine Bananenrepublik und als Diktatur Heimat der blutigsten Militärregime war, ist noch keine Kaffeedemokratie geworden.

Der vietnamesische Überfall

Ende 2004 beginnen die Kaffeekurse in New York wieder zu steigen. Doch noch immer bleiben sie hinter den Produktionskosten zurück. Das Leiden der zentralamerikanischen Bauern ist also noch nicht zu Ende. Tatsächlich quellen die Lager über vor Kaffeebohnen. Vorräte für viele Monate Kaffeekonsum haben sich angesammelt. Das ermöglicht den großen Kaffeeröstern, ihre Einkäufe kurzfristig zu tätigen und die Preise zu drücken. Und weshalb sind die Speicher so gut gefüllt? Die Antwort ist einfach: weil ein Überschuss produziert wird.

Die weltgrößten Produzenten und Exporteure, die Brasilianer, ernten immer mehr Kaffeekirschen. 2002 erreicht ihre Ernte schließlich unerhörte Ausmaße: 50 Millionen Säcke. Das bedeutet beinahe die Hälfte der Weltproduktion. Brasilien ist für den Kaffee, was die Elfenbeinküste für den Kakao ist. Doch während die ivorischen Erzeuger ihre Plantagen auf illegal gerodeten Flächen errichten und sich in ihrer Strategie einzig vom Imperativ des Überlebens leiten lassen, gehen die Brasilianer methodisch, geradezu wissenschaftlich vor.

Bei den Brasilianern handelt es sich nicht um landlose Bauern, die sich auf die Suche nach neuen Anbauflächen begeben haben. Vielmehr sind es Unternehmer, die mit Unterstützung der Banken und manchmal auch der Regierung handeln. Sie stehen in Kontakt mit professionellen Organisationen, sind genau im Bilde über die Entwicklungen auf dem Weltmarkt und investieren in großem Stil. Kurz, die brasilianischen Kaffeeproduzenten sind zentrale Stützen einer breiten Organisation, deren Ziel es ist, die Vormachtstellung auf dem Weltmarkt zu halten.

Als diese Produzenten es satt hatten, den Frostperioden zu

trotzen, die ihren Plantagen immer wieder zusetzten, beschlossen sie im Lauf der Achtzigerjahre, ihre Plantagen aus den Anbaugebieten im Bundesstaat Paraná im Süden des Landes weiter nach Norden in die Staaten Minas Gerais und São Paulo zu verlegen. Dadurch entgingen sie den extremen Kälteperioden, die wiederholt zu einer Zerstörung ihrer Ernten geführt hatten. Außerdem steigerten sie die Erträge durch die Nutzung der fortschrittlichsten landwirtschaftlichen Techniken. Das Produktionsniveau wurde dadurch stabiler, und die für den Export verfügbaren Mengen waren besser planbar, auch wenn Abweichungen aufgrund von Launen der Natur weiter nicht ausgeschlossen waren.

Alle strategischen Veränderungen der brasilianischen Erzeuger zusammengenommen bewirken eine beeindruckende Steigerung der Mengen auf dem Kaffeemarkt. Durch diesen Überfluss übersteigt das weltweite Angebot bei weitem die Nachfrage, die ihrerseits eher zur Stagnation tendiert. Die Fortschritte der Brasilianer schockieren oder überraschen allerdings niemanden. Sie gehören seit jeher zum Universum des Kaffees und werden nicht für die Krise verantwortlich gemacht.

Denn die Hauptverantwortlichen für den Zusammenbruch der Kurse muss man nach Ansicht aller zentralamerikanischen Erzeuger viel weiter weg, jenseits des Kontinents, suchen. In Costa Rica ist wie in Guatemala oder Nicaragua ein einziger Name in aller Munde: Vietnam. In Guatemala versammeln sich Erzeuger und Exporteure von Zeit zu Zeit in den Räumen des nationalen Kaffeeinstituts, einem roten Ziegelgebäude im Zentrum der guatemaltekischen Hauptstadt. Im Erdgeschoss befindet sich eine kleine Kaffeerösterei. Das ganze Gebäude verströmt permanent Kaffeeduft. Im Lauf dieser Abende kommen die aktuellen Schwierigkeiten aufs Tapet. Zwischen einer *empañada*, einer dieser kleinen, mit Fleisch gefüllten Teigtaschen, die in ganz Lateinamerika verzehrt werden, und einem Glas Whisky werden unweigerlich die fernen Vietnamesen und ihre ehemaligen französischen Kolonialherren verflucht und beschuldigt, sie hätten zusammen mit der Weltbank den Durchbruch der Vietnamesen auf dem Kaffeemarkt finanziert. Unwichtig, dass das so nicht zutrifft. Die Umwälzungen sind so gravierend, dass man Sündenböcke finden muss. Die Weltbank hat schon Schlimmeres durchgestanden. Die Franzosen ihrerseits behaupten vehement, sie hätten nur eine unbedeutende Rolle beim Durchbruch der Vietnamesen gespielt. Alles vergeblich. Legenden haben ein langes Leben.

Niemand zweifelt jedenfalls daran, dass die vietnamesische Heldentat eines Tages im Katalog der landwirtschaftlichen Meisterleistungen aufgeführt werden wird. Innerhalb weniger Jahre nämlich wirbelten die Bauern der vietnamesischen Hochplateaus die herrschende Rangordnung auf dem Weltmarkt für Kaffee durcheinander. In dieser Welt war es seit jeher klar, dass Brasilien und Kolumbien mit ihren Arabicas die beiden ersten Plätze einnahmen. Was den Robusta angeht, so fällt diese Rolle Indonesien und der Elfenbeinküste zu. Nicht zu vergessen die berühmten Mokkas aus Äthiopien und die gewaschenen Arabicas aus Lateinamerika. So sah die Hierarchie vor dem fulminanten Aufstieg der Vietnamesen aus.

Selten vollzog sich ein Durchbruch mit so viel Getöse. Die Vietnamesen begnügen sich nämlich keinesfalls damit, Indonesien auf dem Markt für Robusta vom Thron zu stürzen, nein, es gelingt ihnen, Kolumbien den Titel des weltweit zweitgrößten Produzenten streitig zu machen. Nur Brasilien bleibt unangetastet. Gewiss, die Weltbank gab den Vietnamesen Starthilfe, indem sie einige Kredite bewilligte. Doch diese Intervention allein erklärt nicht den Aufstieg der Vietnamesen. Dieser ist in erster Linie dem politischen Willen der Führung in Hanoi zu verdanken. Ihr anfängliches Ziel war es, eine Abwanderung der Landbevölkerung zu verhindern. Sie betreibt eine Politik der Raumordnung.

Das vietnamesische Kaffeeabenteuer beginnt in den Achtzigerjahren und spielt sich auf den zentralen Hochebenen des Landes ab, in den Provinzen Dak Lak, Lam Dong, Gia Lai und Kon Tum. Vor allem in Dak Lak. Bevor dort Kaffee angebaut wird, werden die ethnischen Minderheiten vertrieben. Diese Bevölkerungsgruppen haben nämlich den Fehler, dass man sie nicht für fähig hält, jene intensive Landwirtschaft zu betreiben, von der die kommunistischen Führer in Hanoi träumen. Sie werden in die abgelegensten Regionen des Landes vertrieben, zur laotischen Grenze hin, wo der Boden weniger fruchtbar ist und wo diese Bauern die Entwicklung der Kaffeeplantagen nicht stören können. An ihrer Stelle werden hunderttausende von »echten Bauern« dort angesiedelt, die aus den übervölkerten Küstenebenen und den Regionen im Norden des Landes stammen. Man teilt ihnen Landparzellen zu. Man setzt Ertragsziele fest. Wenn sie die geforderten zwei Tonnen pro Hektar nicht liefern, werden sie erbarmungslos davongejagt. Das erklärt den phänomenalen Erfolg.

1990 produziert Vietnam kaum einmal zehntausend Tonnen Robusta. Als 1995 eine unerwartete Frostperiode die brasilianischen Plantagen lahm legt und die Kaffeekurse kurzfristig explodieren, stehen die Vietnamesen schon in den Startlöchern, um die Lage auszunutzen. Ein weiterer Glücksfall ist, dass die Amerikaner das Embargo gegen vietnamesische Erzeugnisse soeben aufgehoben haben. Die internationalen Handelsunternehmen, die wie die britische Firma ED & F

Man den vietnamesischen Kaffee als Transitware über Singapur ausführten, um ihn als »indonesisch« zu deklarieren, sind nun nicht mehr zu diesem Verfahren gezwungen. Schließlich begünstigt noch ein dritter Faktor die vietnamesische Produktion: Die Entwertung des Dong, der nationalen Währung, 1997. Für jede Tonne Kaffee erhalten die Bauern nun mehr. Dieses unverhoffte Glück spornt sie zu noch mehr Einsatz an.

Drei Jahre später traut die Welt des Kaffees ihren Augen nicht. Die Vietnamesen überschwemmen den Markt mit Produktionsmengen, die man in dieser Region noch nie erlebt hat: fast eine Million Tonnen Kaffee. Die Bauern von Dak Lak haben eine Rekordernte eingebracht: zwei Tonnen pro Hektar. In Kamerun stagniert der Ertrag zu dieser Zeit bei 600 Kilo pro Hektar. Doch die Entwicklung hat auch ihre Schattenseiten. Die Minderheiten finden sich nur widerwillig mit ihrer Verdrängung ab. Sie versuchen ebenfalls, vom Kaffeeboom zu profitieren. Sie sind eine extensive Landwirtschaft auf der Basis von Brandrodung gewohnt und haben intensive Anbaumethoden gelernt. Doch sie leben am Rand der Hauptanbaugebiete. Sie haben keinen Zugang zu den schnellsten, lohnendsten und effektivsten Vertriebsnetzen. So sind sie die Ersten, die die Zeche bezahlen, als die Weltmarktpreise unter dem Druck der Karrenladungen voller Kaffee, die sich in den Hafen von Saigon ergießen, zusammenbrechen. Und sie rebellieren.

Im Januar/Februar 2001 blockieren verarmte Verdrängte die Straßen und versuchen, die örtliche Präfektur zu besetzen. Die Armee riegelt das Gebiet ab, Hubschrauber werden eingesetzt. Die Ausländer werden aus der Provinz Dak Lak verbannt, aus der 60 Prozent des vietnamesischen Kaffees kommen. Der Aufstand wird niedergeschlagen. Zornausbrüche dieser Art werden sich wiederholen. Doch sie stören die Entwicklung des

Kaffeeanbaus nicht im Geringsten. So finden sich die kleinen vietnamesischen Bauern in einem Land, das doch als kommunistisch gilt, am Ende in der gleichen Situation wieder wie ihre Kollegen aus Zentralamerika, mit einem Berg von Schulden und umzingelt von ihren oft chinesischen Gläubigern und den einheimischen oder internationalen Händlern, die ihnen den Dünger und die für die kommende Ernte notwendigen Mittel vorgestreckt haben.

In diesem Mischsystem haben die Kaffeeerzeuger manchmal mit rein vietnamesischen Unternehmen zu tun, die aus den Volkskomitees des Nachbarorts hervorgegangen waren. Und die Buchhaltung dieser Firmen ist so undurchsichtig, dass man sich nur schwer darin zurechtfindet. Die großen Händler in London reiben sich dagegen die Hände. Für sie ist Vietnam ein Geschäftsparadies. Alles funktioniert gut und schnell. Zeitliche Fristen werden respektiert. Die Regierung von Hanoi umsorgt die ausländischen Investoren wie ein rohes Ei. Kommunistische Länder wie dieses würden sich die Trader beinahe noch mehr wünschen.

Die Agonie der internationalen Abkommen

Doch es wäre zu einfach, Vietnam allein die Schuld an der Kaffeekrise zu geben. Der Durchbruch der Vietnamesen auf dem Weltmarkt war nur möglich, weil die anderen Erzeugerländer so zerstritten waren. Diese Divergenzen, die sich ein ums andere Mal Bahn brachen, führten schließlich zur Abschaffung jener internationalen Abkommen, die die Produktion von Kaffee limitierten, jedem Erzeugerland Quoten und Exportmaxima zuwiesen und jedem Einfuhrland Importbeschränkungen auferlegten. Hätte dieses Abkommen noch Bestand gehabt, dann hätten die Vietnamesen sich niemals überfallartig an die Spitze des Kaffeeweltmarkts setzen können.

Die Geschichte dieser Abkommen reicht bis in die Sechzigerjahre zurück. 1962 unterzeichnen fünfundsiebzig Länder, Produzenten und Konsumenten, das erste internationale Kaffeeabkommen. Eine Organisation wird geschaffen, die über die Einhaltung der getroffenen Entscheidungen wachen soll: die Internationale Kaffeeorganisation. Ihr Ziel ist es, den Preis auf einem für die Erzeuger lohnenden und für die Verbraucher akzeptablen Niveau zu halten.

Die Länder des kommunistischen Blocks treten diesem Abkommen nicht bei. Der Kalte Krieg ist auf dem Höhepunkt. Die westlichen Länder haben ein erhebliches Interesse daran, den Kaffeebauern einen korrekten Preis zu bezahlen, um die »marxistische Ansteckung« zu verhindern. In den Sechzigerjahren herrscht außerdem noch der uneingeschränkte Glaube daran, dass der Staat und internationale Organisationen fähig sind, im Namen der Politik und im höheren Interesse der Nationen regulierend in wirtschaftliche Prozesse einzugreifen. Das Europa der Sechs entwickelt seine gemeinsame Agrarpolitik. Der kollektive Wille gilt als allmächtig.

Im Landwirtschaftssektor besitzen Zucker und Kakao mit den internationalen Börsen ihre Regulierungsstruktur. Kaffee ebenso. Diese Abkommen erreichen ihr Ziel mehr oder minder gut. Trotz einiger Gegenschläge in den Sechziger- und Siebzigerjahren bewegen sich die Kaffeekurse auf recht beachtlichem Niveau: Das angelsächsische Pfund (456 Gramm) kostet etwa 120 Cent. Das grenzt an ein Wunder, wenn man bedenkt, wie schwierig es ist, die Interessen der Erzeuger und der Verbraucher miteinander zu versöhnen, und wie viele Handelsunternehmen und Makler sich nach Kräften mühen, die Abkommen zu umgehen.

Doch der mühsam ins Werk gesetzte Regulierungsmechanismus wird schon bald ausgehebelt. Alle zwei Jahre werden die Quoten für Export und Import neu festgesetzt. Es wäre naiv zu glauben, dass sich dann jede Partei auf höchst zivilisierte Weise an einen runden Tisch setzt, um das Volumen des internationalen Kaffeehandels nach besten Kräften im gemeinsamen Interesse aller festzulegen. Jede Verhandlung ist vielmehr ein Kampf bis aufs Messer. Die Erzeuger wollen ihre Exporte einschränken, um die hohen Preise halten zu können. Die Verbraucher wünschen im Gegenteil möglichst hohe Exportmengen, damit die Preise sinken.

Ende Juli 1985 stellt schließlich Sam Mizrahi, ein französischer Trader mit schriftstellerischem Talent, der regelmäßig eine Marktanalyse für seine Kunden veröffentlicht, den Zusammenbruch der Kaffeekurse fest. Sie haben den niedrigsten Stand seit drei Jahren erreicht. In London hat die Tonne innerhalb von sechs Wochen 600 Pfund Sterling verloren. »Der Hintergrund des Ganzen ist«, so schreibt er, »dass in der globalen Quote des Abkommens zu viel Kaffee vorgesehen ist.« Es ist zu viel Kaffee auf dem Markt.

Im Jahr zuvor waren die Verbraucherländer über einen möglichen Frosteinbruch in den brasilianischen Plantagen besorgt. Sie fürchten, die folgende Ernte könne zu gering ausfallen und Brasilien deshalb nicht die geplanten Mengen exportieren. Infolgedessen könnten die Weltmarktkurse explodieren. Um dieser Entwicklung zuvorzukommen, versuchen die Einfuhrländer, sehr hohe Exportquoten durchzusetzen, damit die Versorgung des Marktes gewährleistet ist.

Brasilianer und Kolumbianer widersetzen sich. »Was auch passiert, es wird genügend Kaffee geben«, behaupten sie. Die Ereignisse geben ihnen Recht. Die Kaffeevorräte aus den vorhergehenden Jahren reichen mühelos aus. Die Erhöhung der Exportquoten bewirkt eine Überschwemmung des Marktes. Die Kurse brechen zusammen. Die Reaktion folgt unmittelbar. Einige Monate später, im September 1985, einigen sich die Mitgliedsländer auf eine Reduzierung der Quoten um drei Millionen Säcke. Man geht auf 58 Millionen Säcke zurück. Ein neuer, flexiblerer Regulierungsmechanismus wird ausgearbeitet. Er ermöglicht es, innerhalb von zwei oder drei Wochen auf die Entwicklung der Kurse zu reagieren. Wenn eine starke Hausse einsetzt, werden 500 000 Säcke Kaffee auf den Weltmarkt geworfen. Wenn eine deutliche Baisse wirksam wird, werden ebenso viele vom Markt genommen. Aber die Natur weiß es manchmal besser. Ihre Schicksalsschläge sind unabwendbar. So wird Brasilien Ende 1985, wenige Wochen nach der Ankündigung der Senkung der Quoten, von einer Dürre heimgesucht. In zwei der wichtigsten Kaffeeprovinzen wird der Notstand ausgerufen. Die brasilianische Kaffeeproduktion ist im freien Fall. Anstelle von 25 Millionen Säcken produzieren die Brasilianer nur elf. Die Ernte geht um 66 Prozent zurück. Panik herrscht auf den Märkten. Die Kurse steigen in Schwindel erregende Höhen. In London steigt die Tonne Robusta von 1500 auf 2600 Dollar.

Die Bauern in Kolumbien erzielen für ihre Säcke Preise wie nie zuvor. Auch wenn das Land seit 1948 in einem Bürgerkrieg steht, nimmt sich der kolumbianische Präsident Belisario Betancourt zwischen zwei Angriffen der Guerillas die Zeit, um an fünfzehn seiner Kollegen zu schreiben, die alle Regierungschefs eines Kaffeeerzeugerlands sind. Er schlägt ihnen vor, die Quoten sofort außer Kraft zu setzen. Sein Ziel dabei ist nicht, den Markt zu versorgen, damit die Kurse wieder sinken, vielmehr will er von ihrem Höhenflug profitieren und so viel wie möglich verkaufen, ohne sich um die Quoten zu scheren. Mag sein, dass die Brasilianer nichts zu verkaufen haben, aber die anderen Länder der Region können liefern. Allerdings nicht so viel wie nötig. Der Kaffeepreis steigt in sensationelle Höhen. Anfang 1986 wird die Tonne Arabica für etwa 3000 Dollar verkauft. Doch das ist zu viel des Guten. Die Käufer können nicht mehr mithalten und nehmen immer weniger ab. Mitte Mai fallen die Kurse mangels Importeuren um beinahe die Hälfte.

Im September 1986 versammeln sich Guatemalteken, Brasilianer, Indonesier, Europäer und Amerikaner erneut. Niemand weiß, wie man das Problem mit den Quoten lösen soll. Theoretisch nämlich werden sie entsprechend der Exporte eines jeden Erzeugerlands im vergangenen Jahr festgesetzt. Im Klartext würde das bedeuten, dass Brasilien, traditionell der Hauptlieferant des Weltmarkts, als Opfer einer Dürre, die sich so schnell nicht wiederholen dürfte, nur ein geringer Anteil am Handelsvolumen zugeteilt würde. Die Brasilianer, die 1986 sogar Kaffee importieren mussten, um die nationale Nachfrage zu befriedigen, wollen von Quoten folglich nichts wissen. Die Kolumbianer auch nicht. Sie haben fast ein Drittel der weltweiten Nachfrage gedeckt, und nun will man sie im Namen von kleinkrämerischen Vorschriften wieder in ihre gewohnte zweite Position zurückdrängen. Kommt nicht infrage. Die Indonesier in Asien verfolgen die gleiche Linie. Als weltweit führende Robusta-Produzenten haben sie voll vom brasilianischen Unglücksfall profitiert: Ihr Absatz hat sich vervierfacht. Alle Welt ist also mit der Situation zufrieden. Nur die Afrikaner setzen sich für eine Rückkehr zu den Regeln, zu den Quoten ein.

Denn sie verlieren unaufhörlich an Boden. Während eines Aufenthalts in Bujumbura, der Hauptstadt Burundis, erklärt der Generalsekretär der Internationalen Kaffeeorganisation, dass Afrikas Anteil an den Weltexporten seit Anfang der Siebzigerjahre von 30 auf 23 Prozent gesunken ist. Dafür gibt es eine offensichtliche Erklärung: die politische Instabilität. Aufstände, Bürgerkriege und Staatsstreiche machen die Anstrengungen der afrikanischen Bauern zunichte, während ihre Konkurrenten in Lateinamerika und Asien an ihnen vorüberziehen.

Die amerikanischen Interessen setzen sich durch

Ende 1988 finden wieder Verhandlungen über ein neues Internationales Kaffeeabkommen statt. Die Brasilianer sind dafür. Ihre Produktion hat wieder das gewohnte Niveau erreicht und ist rekordverdächtig. Sie sind höchst interessiert an einer Exportbeschränkung der Konkurrenz durch Quoten. Die Amerikaner jedoch, die Hauptimporteure der Welt, stehen einem solchen Manöver nicht mehr sehr positiv gegenüber. Bis zu diesem Zeitpunkt haben sie die Idee einer internationalen Kontrolle des Kaffeehandels befürwortet. Die lateinamerikanische Wirtschaft, der Hinterhof der Vereinigten Staaten, hing zum Teil von diesen Exporten ab. Die Stabilität der Region war von einer Reglementierung der Preise abhängig. Anfang der Achtzigerjahre ist Lateinamerika hoch verschuldet. Dank dem Kaffee kann es einige der unzähligen internationalen Kredite zurückzahlen, die es im Laufe der Jahre aufgenommen hat. Für die Chase Manhattan Bank, für die Bank of America und für alle anderen Hauptgeldgeber der lateinamerikanischen Staaten ist es wichtig, dass die Staatskassen in Mexiko und Brasilien zumindest so lange gut gefüllt sind, bis die Fälligkeiten zurückgezahlt sind.

Doch nachdem der amerikanische Finanzminister einen Plan entwickelt hat, der die Schuldenlast durch eine neue zeitliche Staffelung erleichtert, schwindet das Interesse der Vereinigten Staaten an den Einnahmen aus dem Kaffeegeschäft. Der Kaffeesektor wird für sie nebensächlich. Er spielt nur noch eine Nebenrolle in der Wirtschaftspolitik der wichtigen lateinamerikanischen Länder. Das gilt umso mehr, als diese Nationen sich entwickeln und ihre Wirtschaft diversifizieren.

Brasilien wird zum Industrieland, nachdem es die Ära der Diktatur hinter sich gelassen hat. Es baut Flugzeuge. Es entwickelt sich zu einer regionalen Großmacht. Während der Kaffeeexport früher eine der Haupteinnahmequellen des Landes war, liefert er heute nur noch sieben Prozent der Devisenerträge. Sie bringen zwei Milliarden Dollar pro Jahr. Das macht weniger als einen Monat der Gesamtexporte des Landes. Von Nord nach Süd auf dem amerikanischen Kontinent verliert der Kaffeeanbau, der noch immer die Lebensgrundlage für Millionen Bauern bildet, seine Bedeutung als strategisch wichtiger Wirtschaftszweig.

Die Kehrtwende in Washington fällt umso schärfer aus, als durch das Kaffeeabkommen und die damit verbundene Preisgarantie Regime konsolidiert werden, mit denen das Weiße Haus im Krieg liegt, insbesondere die Sandinisten in Nicaragua. Nicaraguas Wirtschaft ist essenziell bäuerlich. Hunderttausende von *peones* sind dort im Kaffeeanbau tätig. Eine Beibehaltung des Abkommens bedeutet daher, dass man dem Ortega-Clan in Managua, mit dem die Regierung Reagan im offenen Clinch liegt, einen unfreiwilligen Dienst erweist. Für das Weiße Haus bietet der Verzicht auf das Kaffeeabkommen die

Möglichkeit, die Regierung in Managua ein wenig mehr ins Wanken zu bringen.

Die amerikanischen Behörden haben jedoch auch noch andere Vorbehalte gegen die Quotenpolitik auf dem Kaffeemarkt. Dazu zählt nicht zuletzt, dass die amerikanischen Konsumenten die Billigeinkäufe der Länder des sozialistischen Blocks finanzieren, indem sie selbst einen korrekten Preis bezahlen. Die kommunistischen Länder sind den internationalen Kaffeeabkommen nämlich nicht beigetreten. Da sie von den Quoten nicht betroffen sind, kaufen sie, was sie wollen, und bezahlen für ihren Kaffee weniger. Paradox der Paradoxe. Die kommunistischen Länder profitieren vom freien Markt. Nicht aber die kapitalistischen Länder.

Für die Exportländer Zentralamerikas bedeutet das allerdings eine Komplikation. Sie müssen Kaffeesäcke für die Länder des internationalen Abkommens bereitstellen. Andere Säcke werden den kommunistischen Ländern zugeteilt, die das Abkommen nicht unterzeichnet haben. Jeder Sack muss eindeutig gekennzeichnet werden. Abgesehen von den zusätzlichen Kosten und den logistischen Komplikationen ist eine doppelte Buchführung erforderlich. Das bedeutet eine erhebliche Zeitverschwendung. Nach der Lieferung sind dem Schmuggel keine Grenzen gesetzt. Unzählige Säcke, die billig in die Länder des kommunistischen Blocks exportiert wurden, tauchen später auf mysteriöse Weise auf der anderen Seite der Berliner Mauer wieder auf, wo sie selbstredend zum hohen Preis des durch internationale Quoten reglementierten Markts gehandelt werden. Die deutschen Importeure lassen sich nie diese kleinen Unterschlagungen entgehen, über die man heute lächelt. Manche von ihnen verdienen ein Vermögen damit. Die kommunistischen Länder wiederum sparen so im Vergleich zu ihren Konkurrenten aus der kapitalistischen Zone einige zig Millionen Dollar.

Für die Amerikaner ist das Maß voll. Im Februar 1989, auf dem Kongress der Amerikanischen Kaffeeorganisation in Boca Raton in Florida, blasen sie zum Angriff. Die amerikanischen Kaffeeröster weisen die Idee einer Wiederauflage des Kaffeeabkommens kategorisch von sich. Sie wollen nur dann Quoten, wenn diese ihren Vorstellungen entsprechen. Verhandlungen mit den Produzenten kommen nicht mehr infrage. Der Markt und nichts als der Markt soll es richten. Die liberalen Theorien von Präsident Reagan und Margaret Thatcher reißen die Welt in ihren Strudel. Am 3. Juli 1989, nur vier Monate vor dem Fall der Berliner Mauer, beschließt die Internationale Kaffeeorganisation (ICO) die Abschaffung der Quotenregelung, wobei das Internationale Kaffeeabkommen noch zwei Jahre gültig sein soll. Die ICO ist nur noch eine leere Hülle, eine Maschine zur Produktion von Statistiken und zur Bezahlung internationaler Funktionäre, die nicht mehr viel zu tun haben.

Die Reaktion der Erzeuger lässt nicht auf sich warten. Die Brasilianer heben sämtliche Exportbeschränkungen auf. Sie haben 17 Millionen Säcke in Reserve, und die Lagerhaltung kostet eine Menge. Sie wollen also um jeden Preis verkaufen. Die Indonesier machen das Gleiche. Wie die Brasilianer verfügen auch sie über viele weitere landwirtschaftliche Produkte oder mineralische Rohstoffe. Auch sie setzen auf industrielle Diversifizierung. Beide Länder liegen auf der gleichen Wellenlänge. Was kümmern da schon die Auswirkungen auf die Preise? Man muss sich Marktanteile sichern, die Konkurrenz auf ein passendes Maß zurechtstutzen. Natürlich brechen die Kurse zusammen. Innerhalb von zwei Wochen verliert der Kaffee ein Drittel seines Werts auf dem Weltmarkt.

Der Bruch des Abkommens löst eine regelrechte wirtschaftliche Katastrophe aus. Die anderen Länder, ausgenommen Brasilien und Indonesien, sind wie vom Blitz getroffen. Man hat sie des einzigen Kontrollinstruments beraubt, über das sie zu verfügen glaubten. In Bogotá in Kolumbien, dem zweitgrößten Kaffeeproduzenten, begutachtet Virgilio Barco, der blasse Nachfolger von Belisario Betancourt, dem es nicht gelang, den Bürgerkrieg zu beenden, den Schaden. Der Sturz der Kaffeekurse ruiniert die Volkswirtschaft. Für die Saison 1989 beziffert der kolumbianische Staatschef den Einkommensverlust der etwa 500 000 Kaffeebauern des Landes auf 300 Millionen Dollar. Kolumbien verliert jeden Tag zwei Millionen Dollar.

Die Politiker haben sich angewöhnt, die Kaffeeexporte als zweitrangig für die Einnahmen der lateinamerikanischen Erzeugerländer zu betrachten. Aber in Kolumbien ist das keineswegs der Fall. Überall treibt der Verfall des internationalen Kaffeepreises ganze Bevölkerungsschichten der ländlichen Gesellschaften in den Ruin. Selbst in Brasilien, wo der Verdienst um acht Prozent sinkt, obwohl der Verkaufspreis um 18 Prozent gestiegen ist. Auf der Basis des aktuellen Dollarkurses ist der Kaffeepreis innerhalb von zehn Jahren halbiert worden. In Kamerun wird der Kilopreis für Kaffee, den die Bauern erhalten, per Präsidentenerlass um zwei Drittel reduziert. Indonesien exportiert in diesem Jahr 350 000 Tonnen Robusta anstelle von 270 000 im Jahr zuvor. Doch die Einnahmen stagnieren bei 500 Millionen Dollar.

1987 erreichen die Einnahmen aus der Kaffeeproduktion weltweit 14 Milliarden Dollar. 1990, drei Jahre später, fallen sie auf das Niveau von 1980 zurück, das heißt auf neun Milliarden Dollar. Und nichts hilft etwas, die Kaffeepreise fallen unerbittlich weiter. Im April 1992, als der Arabica seinen historischen Tiefstand erreicht hat, erklärt Brasilien sich bereit, eine eventuelle Rückkehr zur Politik der Exportkontingentierung in Erwägung zu ziehen. Die Brasilianer haben ihr Ziel verfehlt: Die Konkurrenz ist nicht ausgeschaltet worden. Sie ist noch immer da. Doch eine Kontrolle des Kaffeehandels steht nicht mehr zur Debatte. In Nordamerika laufen die Verhandlungen über eine nordamerikanische Freihandelszone. Das NAFTA (North American Free Trade Agreement) will alle Handelsbarrieren zwischen Mexiko, den Vereinigten Staaten und Kanada beseitigen. Mexiko aber ist ein Großproduzent. Wie ist unter diesen Bedingungen eine Rückkehr zu den Strategien der Vergangenheit denkbar? 1993 begraben die Amerikaner endgültig jede Regulierungspolitik des Kaffeemarkts.

Eine grausame Welt

Für die Produzenten bricht eine neue Ära an. Vorbei die Zeiten, da die Staaten aufgrund von Abkommen zur Bildung von Organisationen verpflichtet waren, die bei internationalen Verhandlungen ihre Position vertreten konnten. Diese Organisationen hatten die Aufgabe, Kaffee zu lagern, damit die in London von der Internationalen Kaffeeorganisation festgelegten Exportobergrenzen eingehalten wurden. Die Staaten taten das ihre, um gegenüber den großen Exportunternehmen und den Kaffeeröstern die Kräfte des Marktes zu kanalisieren. Mit dem Verschwinden der internationalen Abkommen löst sich diese Garantie in nichts auf. Von einem Tag auf den anderen, wie mit einem Pinselstrich, werden die staatlichen Organisationen der Erzeugerländer von der Landkarte getilgt. Natürlich können sie weiter Kaffee einlagern und den Bauern überhöhte Preise zahlen, sofern sie die Mittel dazu haben, was selten ist, und sofern die Weltbank und der IWF eine solche Politik nicht mit einem Stirnrunzeln unterbinden.

Am anderen Ende der Kette, auf Seiten der Importeure, ist das Chaos nicht geringer. In Frankreich ist Le Havre an der Seinemündung der große französische Einfuhrhafen für Kaffee. Das ist seit jeher so. Robert Le Fur, ein munterer Achtzigjähriger, erinnert sich, dass man zu Beginn des 20. Jahrhunderts, als sein Vater als Kaffeemakler tätig war, drei Monate brauchte, um nach Brasilien zu fahren und mit Säcken voller Kaffee zurückzukommen. Die Nachrichten für die brasilianischen Exporteure wurden gekabelt und zuvor verschlüsselt, damit die Konkurrenz sie nicht entziffern konnte. Die Händler und Makler waren die Einzigen, die über strategische Informationen wie internationale Preise und Ernten, klimatische Probleme und politische Krisen verfügten. Die Kunden wussten, was man ihnen mitzuteilen geruhte. »Die Geschäfte waren leicht«, sagt Robert Le Fur.

In Le Havre entstand 1883 die erste Kaffeebörse, der erste Terminmarkt der Welt. Der normannische Hafen behauptete sich als erster Handelsplatz für Kaffee in Europa. Der Erste Weltkrieg störte die Geschäfte kaum. Doch nachdem Le Havre im Zweiten Weltkrieg 1940 von den deutschen Besatzern geschlossen und 1944 durch die Bombardements der Alliierten zerstört wurde, war es mit dem Aufschwung dieser Kaffeebörse vorbei. In Paris interessierte sich kein Mensch mehr dafür. Das Handelsvolumen ging zurück. Zwar trafen noch immer ganze Frachter voller Kaffeeladungen dort ein, denn die verarbeitenden Unternehmen hatten dort ihre Kaffeeröstereien erbaut. Doch das ehemalige Finanzzentrum Le Havre war nun weiter nichts als ein Durchgangs- und Verarbeitungszentrum für Kaffee. Um den Verkaufspreis ihrer Kaffeesäcke durch den Kauf virtueller Mengen abzusichern – ein schon um 1850 von den amerikanischen Getreidehändlern entwickeltes Verfahren –, mussten die Händler und Makler nun die Börse in London nutzen und festigten damit die Führungsposition der City. In den Neunzigerjahren kommen daher die Nachrichten über den abgrundtiefen Sturz der Kurse aus London und New York.

Robert Le Fur und alle seine Kollegen sind wie versteinert. Während sie gewöhnlich mit Arabica-Preisen von mindestens einem Dollar gearbeitet haben, stehen sie am 22. August 1992 bei 40 Cent. Patrick Masson, der heute eine der letzten großen Kaffee-Importfirmen in Frankreich leitet, ist damals dreißig Jahre alt. Er ist ein kräftig gebauter, umgänglicher Mann mit Bürstenschnitt und üppigem Schnurrbart, er ist mit einer großen Klappe und einem frechen Mundwerk gesegnet, das sehr pariserisch wäre, käme er nicht aus Le Havre, und gehört damals zu den jungen Wölfen der Branche. Sein Einstieg in die Branche als Student war reiner Zufall, und die ersten Jahre seiner Karriere sind geprägt vom organisierten Markt und verlaufen im Rhythmus der ankommenden Säcke.

Jede Kaffeelieferung ist mit Stempeln versehen, die von der Internationalen Kaffeeorganisation überprüft wurden und vom französischen Zoll erfasst werden, denn Frankreich hat das Internationale Kaffeeabkommen unterzeichnet. Dadurch wird die Einhaltung der Quoten garantiert. Doch das System hat seine Lücken. Es verhindert nicht, dass die Kaffeesäcke von einer Hand in die andere, von einem Zwischenhändler zum nächsten wechseln. Ein Händler kann je nach Bedarf die gleiche Ware, die durch die Zolldokumente leicht identifiziert werden kann, zweimal oder öfter kaufen und verkaufen: Ware oder Liquiditäten. Getrickst wird, denn das internationale Abkommen hat keine Befürworter mehr. Manche Broker sind überzeugt, dass durch die Stabilisierung der Kurse nur die Überproduktion gefördert wird. Und dass die Kurse von allein wieder steigen werden, sowie das Abkommen verschwindet, weil die Erzeuger als Opfer der Instabilität des Marktes gezwungen sein werden, ihre Ernte zu reduzieren.

Der Widerstand der Produzenten

Doch da kennen sie sie schlecht. Man verzichtet nicht ohne weiteres auf einen geregelten Handel und auf hohe Preise. Vier Jahre nach dem Ende der Quotenpolitik münden Erklärungen und Versammlungen schließlich in die Gründung der Vereinigung der Kaffee produzierenden Länder (ACPC). Die Konsumenten sind selbstredend davon ausgeschlossen. Die ACPC wird 1993 aus der Taufe gehoben und bezieht ein bescheidenes Quartier in der Londoner Niederlassung der ICO in der Nähe der Oxford Street.

Anfänglich führt die ACPC ein beschauliches Dasein. Sieben Jahre und der andauernde Niedergang des Kaffeepreises sind nötig, damit die Delegierten der Kaffeeanbauländer endlich zur Tat schreiten. Die Idee ist, die Kaffeeexporte um zwanzig Prozent zu reduzieren. Die Weltbank hatte einige Jahre zuvor ihre Unterstützung für diese Politik bekundet, da sie der Ansicht war, dass durch eine solche Entscheidung das Preisniveau etwa um vierzig Prozent angehoben werden könnte. Wenn die Idee früher gut war, warum sollte sie es dann nicht jetzt wieder sein? So fällt am 1. Juni 2000 die Entscheidung zum Handeln. Am 1. September soll mit der Einschränkung der Verkäufe begonnen werden.

Diese Politik erscheint manchen Leuten so überzeugend, dass die Gruppe Louis-Dreyfus, eine der französischen Speerspitzen des internationalen Agrarhandels, überlegt, inwiefern eine Hilfe für die Produzenten in ihrem eigenen Interesse sein könnte. Doch die Idee, mit der die Gruppe an der Avenue de la Grande-Armée in Paris kurzfristig spielt, wird alsbald begraben. In Wahrheit glaubt kaum jemand unter den Profis noch an den Erfolg einer solchen Strategie. Die Umsetzung der geplanten Ausfuhrbeschränkung scheint nicht realistisch zu sein. Beinahe überall wurden die staatlichen Verwaltungsorganisationen des Kaffeesektors nach dem Ende der Quotenpolitik aufgelöst. Es gibt kein Personal mehr, das den Gendarmen spielen könnte, und keines, das die Lagerhaltung sichert.

Exportbeschränkungen sind eine nette Idee, aber man muss auch die Mittel haben, um einen solchen Beschluss umzusetzen. Doch die ärmsten Länder haben nicht die nötige Kraft zur Durchführung solcher Beschlüsse. Sie können diesen Plan nicht finanzieren. Niemand glaubt auch nur eine Sekunde lang, dass die afrikanischen Länder über ausreichende finanzielle Mittel verfügen, um den Bauern ihre Säcke voller Kaffee abzukaufen und diese dann in Speichern zu lagern, die sie unter keinen Umständen vor einem eventuellen Anstieg der Kurse verlassen dürfen.

Die Nationalbudgets sind nicht so gut ausgestattet, dass daraus die vielen Millionen Dollar entnommen werden könnten, die für eine solche Politik notwendig wären. Und die Handelsbanken, die Kredite über solche Summen geben könnten, sind sich der gewaltigen damit verbundenen Risiken wohl bewusst. Den Kaffeekurs durch Einlagern in die Höhe zu treiben bedeutet eine offene Kampfansage an die mächtigen Pensionskassen, die sich immer massiver auf den Rohstoffmärkten tummeln. Die Verwalter dieser Fonds interessieren sich kaum für das Produkt selbst, sondern sie spekulieren, und oft spekulieren sie auf eine Baisse. Man muss sie überzeugen, dass der Rückhalteplan wasserdicht ist, dass kein einziger Sack Kaffee mehr als vorgesehen die Lager verlässt.

Doch schon bald zeigt sich, dass dies ein Ding der Unmöglichkeit ist. Zwei der größten Produzenten, Vietnam und Indonesien, standen nie ehrlich hinter dem Londoner Plan. Dabei versprechen die Indonesier unzählige Male, sich der Politik des Kartells der ACPC anzuschließen. Im Januar 2001 verpflichtet sich Präsident Wahid bei einer Zusammenkunft mit seinem brasilianischen Kollegen Fernando Henrique Cardoso in Djakarta persönlich dazu. Bei dem Treffen befleißigt man sich natürlich einer sehr diplomatischen Sprache. Deutlicher werden da schon die Verlautbarungen aus Brasilia, wo die offiziellen Vertreter unverhüllt drohen. Sie warnen davor, dass Brasilien alles auffliegen und die anderen Erzeuger mit dem Chaos, das auf dem Kaffeemarkt ausgebrochen ist, alleine lassen wird, wenn die Politik der ACPC nicht von allen befolgt wird.

Die Brasilianer als Hauptproduzenten weltweit sind gerne bereit, das Manöver zu dirigieren, aber nicht allein auf weiter Flur. Und sie haben einigen Grund, sich zu ärgern. Während der ersten Monate der Umsetzung des Rückhalteplans sind ihre Exporte wirklich zurückgegangen. Eigenen Schätzungen zufolge entgingen ihnen dadurch 400 Millionen Dollar an Einnahmen. Sie haben aber nicht den Eindruck, dass ihre Konkurrenten aus Zentralamerika, Peru, Indien oder Indonesien die gleiche Zurückhaltung üben. Dabei wirken sich diese Bemühungen erst auf lange Sicht aus. Die brasilianischen Experten schätzen, dass man zwei Jahre warten muss, bis der Rückhalteplan erste Resultate zeitigt, zwei Jahre, bis die Kurse signifikant steigen.

Doch den Erzeugerländern ist die Kontrolle über die Situation dermaßen entglitten, dass die amerikanischen Importeure im Jahr 2000 alles kaufen konnten, was sie wollten. Ihre Kaffeevorräte haben sich verdoppelt. Auf Seiten der Produzenten zeichnet sich ab, dass die Ernte 2000/2001 die ergiebigste seit fünfunddreißig Jahren sein wird. Alle Welt beeilt sich folglich, vor dem Schicksalsdatum des 1. September zu verkaufen, an dem die Exportbeschränkungen in Kraft treten.

Dieser Run trägt natürlich zum Niedergang der Kurse bei und lässt den Kaffeeröstern einen sehr großen Spielraum. Sie haben keinerlei Grund zur Panik, weil die Produzenten angeblich ihre Verkäufe reduzieren wollen. Sie haben alles, was sie brauchen, in den Speichern in New York. Und die amerikanischen oder holländischen Röster können umso besser schlafen, da im Innern des Kartells jeder jedem misstraut. Jeder unterstellt dem Nachbarn, dass er betrügt und weiter verkauft in der Hoffnung, vom Opfer der Konkurrenten zu profitieren. Die Brasilianer selbst stehen im Verdacht, nur deshalb die Rückhaltepolitik zu betreiben, um dadurch ihre Rivalen aus Lateinamerika auszuschalten. Diese Länder von Nicaragua bis Guatemala haben nicht die Mittel, über die die regionale Großmacht Brasilien verfügt, die hunderte Millionen Dollar Einnahmeeinbußen verkraften kann. Im Gegenteil, der Verlust von vielen Millionen Dollar Einnahmen ist für die kleinen Länder der Region unverkennbar ein Drama.

Die Brasilianer werden hinter vorgehaltener Hand beschuldigt, sie wollten die Produktion von gewaschenem Arabica in Lateinamerika, die in direkter Konkurrenz zu ihrer eigenen steht, verringern. So viele Unterstellungen, Verdächtigungen und Schwächen verwischen am Ende die Botschaft, die die Produzenten den Käufern vermitteln wollten. Schon kurz nach seiner Ausrufung beeindruckt der Rückhalteplan keinen Menschen mehr. Nach einem kleinen Aufschwung beginnen die Kaffeekurse erneut zu fallen.

Fünfzehn Monate nach seinem In-Kraft-Treten wird der Plan offiziell begraben. Er hat keinerlei Resultat gezeitigt. Die Kaffeekurse fallen unaufhaltsam. Anfang Februar 2002 beschließen die Mitglieder der Vereinigung der Kaffee produzierenden Länder, ein für alle Mal damit Schluss zu machen. Sie ziehen nicht nur einen Schlussstrich unter den Versuch einer Exportbeschränkung, sondern auch unter ihre eigene Organisation. Die vier Angestellten in London werden entlassen, ihre Büros an die Internationale Kaffeeorganisation zurückgegeben.

Die Qualitätsoffensive

Neue Initiativen werden lanciert. Die Branchenführer in San José in Costa Rica sind sich der aktuellen Qualitätsprobleme bewusst. Sie wollen die minderwertigen Kaffeekirschen vernichten. Das beträfe fünf Prozent der Ernte und hätte einen doppelten Vorteil. Erstens würden die Exportmengen ipso facto reduziert werden. Zweitens würde das Image der nationalen Produktion verbessert. Zusammengenommen würde es eine Verteuerung der costa-ricanischen Kaffeesäcke bewirken.

Der Kaffee wird also in großen Kesseln verbrannt. Die Nachbarländer bekunden Interesse an der Operation. Die Internationale Kaffeeorganisation in London oder das, was noch von ihr übrig ist, stellt Qualitätsverbesserung in den Mittelpunkt ihrer Aktionen. Wenn wir die Preise schon nicht beeinflussen können, wollen wir zumindest ihre Folgen korrigieren. Wir können nichts gegen die Krankheit ausrichten, also lasst uns die Symptome kurieren. Der glühendste Verfechter einer solchen Politik ist der Generaldirektor der ICO, Nestor Osorio. Dieser schmächtige kolumbianische Diplomat hat sein gesamtes Berufsleben in der Kaffeebranche verbracht, zunächst in Bogotá, dann in London. Nestor Osorio weiß, welche Mühen die Bauern auf sich nehmen, um die Säcke mit den Kaffeekirschen zu füllen, die von Frost und Unwettern verschont wurden, während ihr Blick auf die staubigen Wege geheftet ist, auf denen die Zwischenhändler oder Einkäufer sich ihren Landparzellen nähern. Er weiß das, weil er selbst als Kind in der Region Medellín auf den sanften Hängen des Familienbesitzes inmitten der Kaffeepflanzungen umhergetollt ist. Er lief an den Bauern mit ihren Strohhüten vorbei, die sich über die Zweige der Kaffeesträucher beugten, und er hat die Erinnerung an diese Jugend bewahrt. Seine Karriere im Dienst der kolumbianischen Kaffeeproduktion hat teilweise dort ihren Grund.

Unter der Leitung Osorios, der mittlerweile zum glühenden Verfechter der Qualitätsoffensive geworden ist, wird im September 2004 vor der Generalversammlung der ICO in London ein so genannter Kaffeekodex präsentiert. Uschi Eid, die deutsche Staatssekretärin im Ministerium für wirtschaftliche Zusammenarbeit und Entwicklung, stellt das Projekt vor. Ziel ist es, einen nachhaltigen Kaffeeanbau und die Überlebensfähigkeit der 25 Millionen Erzeuger auf der Welt zu sichern. »Es handelt sich um einen praxisnahen Text«, versichert die deutsche Staatssekretärin. »Er schließt alle sozial oder ökologisch untragbaren Praktiken aus«, wie etwa Zwangsarbeit oder Abholzung von Wäldern. Das Dokument soll für alle gültig sein. Es soll eine Standardqualität für die Verbraucher garantieren und damit eine deutliche Konsumsteigerung bewirken.

»Es ist wahr«, betont der kolumbianische Botschafter, »dass der Zusammenbruch der Kaffeepreise in den letzten Jahren sehr negative Auswirkungen auf das Leben der Bevölkerung hatte. Das hat sich auf die Arbeit in den Plantagen niedergeschlagen, und die Kaffeequalität hat sich verschlechtert.« Die deutsche Staatssekretärin bestätigt das und erläutert, dass in El Salvador bereits ein Pilotprojekt gestartet wurde: Die deutsche Firma Neumann, eine der Großen im weltweiten Kaffeegeschäft, erhielt 400 000 Euro, mit denen salvadorianischen Bauern ermöglicht werden soll, entsprechend den Normen des Kodex zu arbeiten. Alle Welt könnte also davon profitieren.

Doch leider muss die deutsche Staatssekretärin einen Misserfolg verbuchen. Abgesehen vom kolumbianischen Vertreter findet das Projekt eines Kodex keine Gnade in den Augen der versammelten Kaffeewelt. Vom Vertreter Papua-Neuguineas über den Sprecher Afrikas bis zu Brasilien erhebt sich ein vielstimmiger Protestruf. Die Vertreter dieser Länder sehen darin nichts weiter als bürokratischen Aufwand und zusätzliche Kosten für einen ungewissen Nutzen. »Dieser neue Text wird nichts am Verhältnis von Angebot und Nachfrage und damit am weltweiten Kaffeepreis ändern«, ruft der Repräsentant Brasiliens. Darauf wird die deutsche Staatssekretärin deutlicher: »Wir bekommen einen Kaffee von minderer Qualität in Deutschland. Er ist nicht mehr so gut wie in der Vergangenheit. Wir reden hier nicht über Preise, sondern über Qualität. Manche Kleinbauern werden den Anbau aufgeben und etwas anderes anbauen müssen, weil sie ihre Produktionskosten nicht decken und nicht davon leben können.« Wieder einmal gehen die

Interessen der Produzenten und der Verbraucher also auseinander. Die Ersten wollen einen höheren Lebensstandard. Die Zweiten wollen einen besseren Kaffee.

Die Amerikaner sind auf der gleichen Wellenlänge wie die Deutschen. Zehn Jahre zuvor hatten sie der Internationalen Kaffeeorganisation den Rücken gekehrt, weil deren damalige Prinzipien nicht mit ihrer Vorstellung von Marktwirtschaft übereinstimmten. Nun sind sie nach einer langen Lobbykampagne von Nestor Osorio und den lateinamerikanischen Staatschefs wieder mit im Boot. Die Kongressabgeordneten in Washington haben eine Resolution gebilligt, in der die Bundesregierung aufgefordert wird, sich mit einem Problem zu befassen, das »schwerwiegende wirtschaftliche und ökologische Auswirkungen in Lateinamerika, Afrika und Asien hat«.

In dem Text der amerikanischen Parlamentarier wird auf den Tod von sechs illegalen Einwanderern in der Wüste von Arizona im Mai 2001 verwiesen. Sie alle waren kleine Kaffeebauern gewesen. Sie stammten aus der Region von Veracruz im Südosten Mexikos und flohen wie viele andere vor dem Elend, das mit dem Sturz der Kurse über sie hereingebrochen war. Die amerikanischen Parlamentarier betonen außerdem, dass die Kaffeekrise die Bauern in Peru und Kolumbien in den Anbau verbotener Substanzen treiben kann. Zum Abschluss fordern sie die Vereinigten Staaten auf, der Internationalen Kaffeeorganisation beizutreten, deren Vorsitz bereits Nestor Osorio übernommen hat.

Die Regierung Bush nimmt diese Befürchtungen ernst und tritt wieder ein. So kann sie ein Auge auf die dortigen Vorgänge haben. Die amerikanischen Kaffeeröster, die ebenfalls über die Verschlechterung der Kaffeequalität besorgt sind, können die Politik in einer Richtung beeinflussen, die ihren Interessen entspricht. Die Amerikaner sprechen von einer »historischen« Rückkehr in die Internationale Kaffeeorganisation. Ihre Anwesenheit soll den Erzeugern helfen, ihre Wettbewerbsfähigkeit wiederzugewinnen. Allerdings steht eine Wiederbelebung einer wie auch immer gearteten Planwirtschaft für die amerikanische Regierung nicht zur Debatte.

Der Sieg der multinationalen Unternehmen

Die Krisenjahre haben zu einer Umverteilung der Gewinne innerhalb der Kaffeeindustrie geführt, deren große Nutznießer die Industrieländer waren. 2002 errechnete Nestor Osorio, dass die Erzeuger in seinem Land, Kolumbien, nur ein Prozent der Summe erhielten, die er für eine Tasse Kaffee auf den großen Boulevards von London bezahlte, obwohl sie theoretisch von einem vor mehreren Jahrzehnten ins Leben gerufenen Ausgleichsfonds geschützt wurden.

Die britische Organisation Oxfam, eine Nichtregierungsorganisation, die sich mit am stärksten für den langfristigen Schutz der Produzenten engagiert und kaum zu demagogischen Machenschaften neigt, war optimistischer, wenn man das so sagen kann. Sie errechnete, dass die äthiopischen Bauern zwei Prozent vom Endpreis eines Päckchens Kaffee erhielten. Der kolumbianische Finanzminister Juan Manuel Santos wiederum schätzte, dass sich der Gewinnanteil der Erzeuger in der Kaffeeindustrie innerhalb von zehn Jahren auf ein Viertel reduziert hat.

Anfang der Neunzigerjahre erhielten die Erzeugerländer 40 Prozent vom Preis eines im Einzelhandel verkauften Päckchens

Kaffee. Zehn Jahre später waren es nur noch neun Prozent. Im gleichen Zeitraum verdoppelten sich die Gewinne aus dem Kaffeeverkauf, sie beliefen sich nun auf 65 Millionen Dollar. Je mehr die Globalisierung um sich greift, umso stärker schmilzt der Anteil eines Tito Morales aus Guatemala und anderswo dahin. Da das Geld sich nicht in Luft auflöst, muss man wohl daraus schließen, dass es in die Taschen der Großunternehmen, die den Kaffee in den Erzeugerländern kaufen, und der großen internationalen Kaffeeröster, die die Päckchen im Einzelhandel wiederverkaufen, sowie der amerikanischen oder Pariser Bistrobesitzer fließt.

In Paris wird der Wert eines Bistros nach der Anzahl der pro Tag verkauften Kaffees bemessen. Aus einem Paket von einem Kilo macht der Patron hundert Espressi. Er nimmt also im Durchschnitt 150 Euro pro Kilo ein, während die Produzenten dieses Kilo für kaum mehr als einen Euro verkaufen müssen. Gewiss, die Pariser Cafébesitzer bezahlen Löhne, Steuern und haben erhebliche Zusatzkosten zu tragen. Gewiss, sie müssen den Kaffee kaufen. Gewiss, die Kaffeeröster stecken ein Vermögen in die Verarbeitung des Kaffees und in die Werbekampagnen zur Verbreitung dieses Getränks, egal ob sie im Großhandel an die Bistrobesitzer oder im Einzelhandel an kleine Ladenbesitzer und Supermärkte verkaufen. Der Rohstoff stellt am Ende nur einen winzigen Bruchteil der Kosten dar, die mit dieser Vielzahl von verkaufsfördernden Maßnahmen einhergehen. Letztlich aber verdient jeder in dieser Industrie seinen Lebensunterhalt: die Exporteure, die Händler, die Röster, die Ladenbetreiber, die Cafébesitzer und die Staaten, die Steuern darauf erheben. Alle, mit Ausnahme der Produzenten. Die Erzeugerländer transferieren also Reichtum in die Verbraucherländer, die oft Industrieländer sind. Diese Situation ist das Resultat der großen Umwälzung auf dem Weltmarkt für Kaffee, die durch den Abbau der internationalen Abkommen 1989 ausgelöst wurde.

In der Tat bewirkten das Verschwinden der staatlichen Organisationen und die wiedergefundene Freiheit, zu kaufen und zu verkaufen, nicht nur den Zusammenbruch der Kurse, sondern auch deren permanentes Schwanken in Abhängigkeit von den tausendfachen Informationen, mit denen die Trader auf den Warenterminmärkten in London und New York täglich überschwemmt werden. Diese Freiheitsbrise zieht außerdem Investitionsfonds an. In einem Aufsehen erregenden Artikel berichtete der italienische Forscher Stefano Ponte, dass das Volumen des 1980 an den Warenterminbörsen gehandelten Kaffees viermal so hoch war wie die real vorhandene Menge. 1991, elf Jahre später, hatten die Investitionsfonds ihre Einlagen verdreifacht. Für die Bauern und die betroffenen Staaten war die Machtübernahme durch die Pensionskassen eine Katastrophe. Wie soll man einen Staatshaushalt verwalten, der entscheidend auf den Erlösen aus dem Kaffeegeschäft basiert, wenn diese Einkünfte unvorhersehbar sind?

Selbstverständlich befinden sich die großen Privatunternehmen hier in einer Machtposition. Sie funktionieren nach der Logik des Marktes. Zu ihrem Personal gehören Finanzspezialisten und hochrangige Mathematiker, die Modelle entwickeln, auf deren Basis man eine Entscheidung treffen kann, wann man verkaufen und vor allem wann man kaufen muss, um die Kurse zu drücken. Die Großunternehmen kennen kein Mitleid. Sie konkurrieren mit den Genossenschaften und den kleinen einheimischen Exportfirmen vor Ort.

Das treibt auch Don Edwin Acuna in Costa Rica im Jahr 2002 zu Zornesausbrüchen. Der beinahe Siebzigjährige wird das Zepter bald an Jüngere weitergeben; er ist seit vierunddreißig Jahren Generaldirektor der bedeutenden Genossenschaft von Naranjo, die nur wenige Kilometer von der Hauptstadt San José entfernt ganz in der Nähe eines großen Orts liegt, der ausschließlich vom Kaffee lebt. Jedes Jahr liefern mehrere tausend Bauern ihren Kaffee im *beneficio* ab, dem Verarbeitungszentrum der Genossenschaft. Zwischen November und Februar folgt ein Lastwagen auf den nächsten, um den bunten Inhalt der Körbe in große Behälter zu kippen, in denen die leichtesten Kirschen von den schwereren getrennt werden und jede einer unterschiedlichen Verarbeitungsprozedur in dem Komplex zugeführt wird.

Die Genossenschaft von Don Edwin bringt traditionell 130 000 Säcke auf den Weltmarkt. Doch seit Beginn dieses Jahrzehnts schmilzt dieser Anteil wie Schnee in der Sonne dahin. 2002 sind es bereits beinahe 40 Prozent weniger Kaffeekirschen. Natürlich sind durch den Kursverfall auf dem Weltmarkt die Erträge gesunken. Es gibt weniger Geld, weniger Dünger, weniger Einsatz bei der Arbeit. An den Bäumen hängen weniger Früchte. Das ist der Preis der Krise.

Doch Don Edwins Zorn gilt nicht dem Verhalten der Spekulationsfonds, die die Preise in New York diktieren. Während er auf seine schwarze Ledertasche trommelt, die schon manchen Sturm, manchen Wutausbruch und manche Kaffeekrise überstanden hat, erregt sich Don Edwin über zwei multinationale Unternehmen mit Sitz in San José. Die Schweizer Firma Volcafé und die deutsche Neumann gehören zu den größten Kaffeehändlern der Welt. Diese beiden europäischen Unternehmen haben ihre Büros überall dort, wo es Kaffee gibt. In Costa Rica exportieren sie den Großteil der dortigen Ernte. Ihr finanzieller Spielraum ist beachtlich. Sie verfügen über die Unterstützung internationaler Banken, die ihnen unbegrenzte Kredite zu Zinssätzen einräumen, von denen die einheimischen Produzenten nur träumen können – oder die sie zum Weinen bringen.

Dank dieser günstigen Zinssätze und dank ihres internationalen Verkaufsnetzes verfügen sie über eine Schlagkraft, gegen die Don Edwin nichts ausrichten kann. Unbeeindruckt von der Krise wollen die zwei Unternehmen trotz des Ernterückgangs die gleichen Mengen exportieren wie in den Jahren zuvor. Ihre Einkäufer machen sich also persönlich auf den Weg zu den Kleinbauern, den Mitgliedern der Genossenschaft, die Don Edwins Lebenswerk ist. Sie legen Summen auf den Tisch des Hauses, mit denen die Genossenschaft nicht konkurrieren kann. Der Kaffee geht folglich an die großen Exportfirmen.

Don Edwin versteht, dass seine Lieferanten sich von den erklecklichen Summen, die man ihnen anbietet, ködern lassen. Aber er ist empört über dieses kurzsichtige Verhalten, über diese Kleinproduzenten, die zwar zählen, aber nicht rechnen können und nicht begriffen haben, dass sie nur zusammen stark sind und dass es besser ist, weniger Geld zu bekommen und dafür weiterhin von den technischen Hilfsangeboten der Genossenschaft zu profitieren.

Don Edwin holt ununterbrochen Bündel von Papieren, Zahlenkolonnen und Bankunterlagen aus seiner schwarzen Tasche. Er wettert gegen die Großkonzerne, die ihn und seine Genossenschaft vernichten wollen. Er ist davon überzeugt, dass diese großen Unternehmen nur eines bezwecken, nämlich die Erzeugerorganisationen loszuwerden, die ihnen teure Preise abverlangen und nicht bereit sind, nur die Hälfte der Ernte zu verkaufen, und die selbst nach einem direkten Zugang zu den Exportmärkten streben, um durch die Ausschaltung von Zwischenhändlern den bestmöglichen Preis zu erzielen.

Trotz Don Edwins Zorn haben die Giganten die Kontrolle über die Kaffeeindustrie an sich gerissen. Ende der Neunzigerjahre kontrollierten die sechs wichtigsten Handelsgesellschaften die Hälfte der internationalen Lieferungen. Doch diese Händler sind reichlich naiv. Die amerikanische Entscheidung und das Ende der Quotenregelung, das manch einer von ihnen sehnlichst herbeiwünschte, setzen einen endgültigen und definitiven Schlusspunkt unter ihr goldenes Zeitalter. Einer nach dem anderen von ihnen verschwindet, ein Opfer des Preisverfalls und der vertikalen Fusionen der Branche. Die großen internationalen Kaffeeröster greifen immer seltener auf Vermittler zurück. Makler, Händler und Importeure schwinden dahin und können sich nur durch Fusionen halten. Die Franzosen überleben dieses Spiel nicht. Nur wenige britische, deutsche und Schweizer Unternehmen bleiben übrig. Frankreich hat vollständig den Rückzug angetreten.

Die Brüder Bertrand und Bruno Bouvery, der eine ein ausgebildeter Agronom, der andere Mathematiker, haben bis 2004 durchgehalten. Von der Konkurrenz erdrückt, sind sie gezwungen, ihre Aktivitäten auf kleine Nischen zu konzentrieren, um Kosten zu sparen. Sie haben ihre letzten Mitarbeiter entlassen und sich auf einen Familienbesitz in der Normandie zurückgezogen.

In einem Flügel des ehemaligen Gestüts thront zwischen einem Billardtisch und einem Kamin eine Batterie von Computern und Telefonen. Das Feuer im Kamin knistert, während sie Gespräche mit vietnamesischen oder brasilianischen Gesprächspartnern führen: zwei Herkunftsländer, für die die Brüder Bouvery als anerkannte Spezialisten gelten. Es handelt sich um einen geordneten Rückzug. Die Chefs der überlebenden Handelsgesellschaften weisen es empört von sich, sie würden die Kaffeepreise drücken wollen. Sie sind schließlich nur Vermittler und schieben die Verantwortung für den Kurssturz auf die nächsthöhere Ebene, die für alles Übel verantwortlich sein soll, auf die Giganten der weltweiten Kaffeeindustrie, in deren Händen sich eine wachsende Machtkonzentration vollzieht. Tatsächlich rösten die Unternehmen Nestlé, Philip Morris, Sara Lee und Procter & Gamble alleine mehr als die Hälfte des weltweit verkauften Kaffeevolumens.

Nestlé produziert 56 Prozent des löslichen Kaffees auf der Erde, insbesondere aus vietnamesischem Robusta, für den das multinationale Schweizer Unternehmen einer der Hauptaufkäufer ist. Dieser vietnamesische Robusta, der qualitativ einen schlechten Ruf hat, ist billiger als der Kaffee anderer Herkunftsländer, denn die Bauern auf den Hochebenen haben noch nicht die Berufserfahrung und die Geschicklichkeit ihrer Konkurrenten.

Offiziell bedauert die Schweizer Firma diese Situation und die Kursschwäche auf den Weltmärkten. Sie spricht sich offen für die Schaffung eines Mechanismus zur Sicherung der Preisstabilität aus, damit für die Produzenten ein befriedigendes Einkommensniveau und für die Röster wachsende Absatzmärkte gewährleistet sind. Nestlé bestreitet ebenfalls, dass es die Kaffeepreise in den Keller treiben würde. Die Firma mit Sitz in Vevey kauft nur 12 Prozent der weltweiten Kaffeeproduktion auf. »Das reicht nicht, um die Kurse auf dem Markt in eine Hausse oder eine Baisse zu steuern«, behaupten die Verantwortlichen in einer Presseerklärung vom Juli 2002. Und sie schieben die Verantwortung ihrerseits den großen Supermarktketten Walmart, Tesco, Carrefour und Ahold zu und beschuldigen sie, sie würden den Kaffeeröstern die Preise diktieren.

Nestlé legt die Daumenschrauben an

Es wäre übertrieben, Nestlé die gesamte Verantwortung für die Situation auf dem internationalen Kaffeemarkt anzulasten. Dennoch kann dieser große Kaffeeröster sich nicht von jeder Verantwortung freisprechen. So haben die Trader von Nestlé in den letzten Jahren ein Einkaufsverfahren entwickelt, das auf raffinierte Weise wirtschaftlichen Druck ausübt.

Das fragliche System befindet sich im Internet. Es handelt sich um eine Seite, auf der Gebote abgegeben werden. Jeden Monat bestellen die Einkäufer von Nestlé die Händler, große wie kleine, zu besonders grausamen Verkaufsverhandlungen ein. Der Zugang zu dieser Seite steht nicht jedermann offen. Zuvor muss man das *login* und das Passwort kennen. Eingeladen werden also. Nestlé gibt bekannt, welche Mengen das Unternehmen benötigt. Sein Bedarf beziffert sich natürlich in zehntausenden, ja hunderttausenden von Säcken, und die Lieferungen verteilen sich bisweilen auf ein ganzes Jahr.

Jeder Händler, der etwas auf sich hält, muss ein Gebot abgeben, wenn er ernsthaft weiter existieren will, denn Nestlé ist einer der bedeutendsten Käufer. Lieferungen für ein ganzes Jahr im Voraus zu garantieren bedeutet, ein immenses Risiko auf sich zu nehmen, denn niemand weiß, wie die kommenden Ernten ausfallen werden. Nicht mitzubieten ist manchmal jedoch noch schlimmer. Denn damit verurteilt man sich zu einer bedeutungslosen Randexistenz und langfristig zum Verschwinden. Das Einholen der Angebote ist somit alles andere als ein banaler Vorgang. Es wird zu einer außergewöhnlichen Prozedur, denn das multinationale Unternehmen macht die Sache spannend.

Sobald die Angebote der Makler und Händler eingegangen sind, werden sie nach abnehmendem Preis geordnet. Der Händler, der die Ware am billigsten anbietet, ist die Nummer eins. Doch das ist erst der Anfang in diesem Katz-und-Maus-Spiel. Alle Konkurrenten werden individuell über ihren Stand in der Klassifizierung benachrichtigt. »Sie sind Nummer zwei, drei, vier usw. Wenn Sie den Auftrag haben wollen, müssen Sie den Preis senken.«

Manchmal wird ein Teilnehmer, der nicht gewillt ist, mit seinem Preis nachzugeben, telefonisch zu einer Preiskorrektur aufgefordert. Da das Wichtigste auf diesem Markt der Umsatz ist, lassen sich die meisten Beteiligten auf das problematische Spiel ein und senken ihre Preise. Auf diese Weise kann es eine, zwei oder drei Runden geben, die genau eine halbe Stunde dauern, keine Minute mehr, bis Nestlé den von seinen Managern gewünschten Preis erzielt hat.

Anfang September 2004 kaufte der multinationale Konzern auf diese Weise innerhalb weniger Stunden 120 000 Tonnen Robusta, was seinem Bedarf für das Jahr 2005 entsprach. Der Handel wurde mit einer Differenz von minus 145 Dollar für die vietnamesische Produktion und minus 170 Dollar für die ivorische Produktion abgeschlossen. Das heißt, Nestlé hat sich große Mengen Kaffee um 145 oder 170 Dollar billiger gesichert, als der offizielle Preis auf dem Warenterminmarkt in London, die Referenz für den Robusta, lag.

»Es hat mir die Tränen in die Augen getrieben«, sagte ein Londoner Händler, der einige schmerzliche Augenblicke vor seinem Computer verbrachte. Dieser Händler, der früher stolz war auf seinen Beruf und die Macht hatte, Marktschwankungen auszugleichen und mit der Differenz von Angebot und Nachfrage zu spielen, der in Erwartung einer Preissteigerung, die große Gewinnspannen bringen konnte, kaufen konnte und damit das Risiko einging, sich zu täuschen und grandios auf die Schnauze zu fallen, sah sich nun aller Attribute seines Berufs beraubt.

Er ist wütend auf Nestlé, weil es den menschlichen Faktor eliminiert und alles einer Maschine überlässt, die nur noch von drei Tradern dirigiert wird. Auch bei Nestlé nämlich hat die Einführung dieser umgekehrten Versteigerungen zu einer Reduzierung des Personalbestands geführt. Von etwa zwanzig auf dem ganzen europäischen Kontinent verteilten Tradern ist nur ein Trio in Croydon, einem Vorort von London, übrig geblieben. Der Erfinder dieses Systems, Paco Jurado, ist Spanier und stammt aus dem Madrider Bürgertum. Er leitete früher einen Familienröstbetrieb, der aufgrund von Streitigkeiten unter den Aktionären an Nestlé überging, und führte auf Verlangen des Vorstands von Nestlé in Vevey das System der umgekehrten Versteigerung zuerst auf dem spanischen Markt ein. Im Oktober 2003 wird das System dann ausgeweitet. Von seinem Büro in Croydon aus zentralisiert Paco Jurado die Einkäufe von Nestlé für Europa, Afrika, Ozeanien und Japan.

Die raffinierte Maschinerie, die damit in Gang gesetzt wurde, ermöglicht eine deutliche Reduzierung der Kosten. Für die Händler bedeutet ein Paktieren mit Nestlé nichts anderes, als dass sie sich die Schlinge um den Hals legen und selbst den Knoten festzurren. Die einzige Möglichkeit, sich daraus zu befreien, besteht darin, dass man die Baisse an die Basis weitergibt. Letzten Endes übt somit Nestlés Versteigerungspolitik zusätzlichen Druck auf den Kaffeepreis aus, den die Produzenten erzielen. Und dieser Preisverfall, der alle Akteure auf dem Markt trifft, fällt umso gravierender aus, als Nestlé, sobald der Verkauf unter Dach und Fach ist, seine Traderbrigade auf die Warenterminmärkte von London und New York ausschwärmen lässt, wo sie die Kurse auf das Niveau drücken sollen, auf dem bei der umgekehrten Versteigerung abgeschlossen wurde. Schließlich sollen die beim realen Kaffee erzielten Einsparungen nicht durch Verluste auf dem Warenterminmarkt zunichte gemacht werden, auf dem jeder Profi, der auf sich hält und überleben will, Arbitrage betreiben muss.

Die unglücklichen Händler wiederum sind noch lange nicht mit Nestlé fertig, wenn der Verkauf besiegelt ist, denn das Unternehmen bestimmt Lieferabstände und -fristen nach Maßgabe seiner eigenen Interessen. Nestlé gibt vor, mit welchen Frachtgesellschaften und Transportfirmen die Händler zu arbeiten haben. So werden die Händler zu simplen Instrumenten der Kostenreduzierung und Kurssenkung in den Händen eines der mächtigsten multinationalen Unternehmen der Welt.

Epilog

Im März 2004, einige Monate, bevor der Kaffeekurs sich allmählich konsolidierte, bis er schließlich Anfang 2005 wieder das Niveau von 1999 erreichte, bestätigte die Weltbank die katastrophalen Folgen der Aufhebung der Quotenregelung. Der historische Tiefststand der Kurse hat zur Etablierung eines Handelssystems geführt, das durch seine Struktur selbst den Ruin der Erzeuger bewirkt. Überproduktion und Preissturz haben eine Konzentration der Produktion bewirkt.

Drei Länder, Brasilien, Kolumbien und Vietnam, liefern heute 66 Prozent der Weltproduktion an Kaffee. 1992 waren es nur 42 Prozent. Trotz ihrer Anstrengungen, trotz ihres verzweifelten Überlebenskampfes wurden die anderen Produzenten in Afrika oder Zentralamerika ins Abseits gedrängt.

Auf Seiten der Kaffeeröster, so die Experten der Weltbank weiter, ermöglichte das Überangebot die Durchsetzung neuer Strategien. Man kauft, was man gerade braucht, und das zum günstigsten Preis. Das nennt man »just in time«-Verfahren. Außerdem haben die Röster die technische Ausstattung ihrer Fabriken verändert, um die billigsten Kaffeekirschen verarbeiten zu können. So verschob sich der Schwerpunkt zu den löslichen Kaffees, für die auch Robustas schlechtester Qualität – wie beispielsweise die in Vietnam produzierten – noch brauchbar sind.

Dieser Dynamik fallen Tito Morales aus Guatemala, Don Fernando Felipe Terán aus Costa Rica und die Kleinproduzenten aus Kamerun und Vietnam zum Opfer. Francine und Nicole, die flotten Seniorinnen aus den besseren Vierteln in Paris, können noch lange auf eine Qualitätsverbesserung ihrer Tasse Kaffee warten, auch wenn die Kurse für Arabica in New York Ende 2004 deutlich angezogen haben.

3.

BAUMWOLLE

Im Gegensatz zu den Bildern von Flauschigkeit und Behaglichkeit, mit denen man Baumwolle assoziiert, steht sie seit 2001 im Mittelpunkt eines weltumspannenden Konflikts. In diesem Baumwollkonflikt führen Produzenten auf allen fünf Kontinenten einen erbitterten Krieg gegeneinander. Von Europa bis Australien, von den Vereinigten Staaten bis Afrika verteidigt jeder mit Zähnen und Klauen sein Revier.

Anfang 2005 setzten die Amerikaner den anderen die Pistole auf die Brust, indem sie den Weltmarkt mit einer noch nie gesehenen Produktion überschwemmten: 20 Millionen Ballen Baumwolle, jeder davon 220 Kilo schwer. Das war die Antwort auf all diejenigen, ob Brasilianer oder Afrikaner, die sich an ihre Körbe klammerten und versuchten, die amerikanische Baumwollindustrie stillzulegen, sie auszumerzen und von der internationalen Wirtschaftskarte zu radieren.

Ende 2004 hatte die Welthandelsorganisation auf Antrag Brasiliens tatsächlich die amerikanischen Handelspraktiken verurteilt. Die Westafrikaner wiederum, die von einigen Nichtregierungsorganisationen unterstützt werden, spielten in dem seit 2001 ablaufenden Schurkenstück eine dankbare Rolle. Eine Rolle, in der sie wirklich glänzen: die des verdienstvollen Opfers.

Alles begann 2001. Der Kurs der Baumwolle fällt unaufhörlich. Unter den üblichen Volatilitätskurven zeichnet sich eine gravierende, offenbar unabwendbare Tendenz zur Baisse ab. Auf der einen Seite verwendet die Textilindustrie immer häufiger Erdölderivate, synthetische Stoffe also, und der Verbrauch von Baumwolle geht unablässig zurück. So wurden in Asien enorme Investitionen getätigt, um die Produktion von Polyester und anderen Nylonfasern um ein Vielfaches zu steigern. Auf der anderen Seite nimmt die Baumwollproduktion ungeachtet dieser Entwicklung unaufhörlich zu. Von den weiten Ebenen Zentralasiens bis zu denen Australiens, von den neuen Baumwollfeldern in der Region des brasilianischen Mato Grosso bis zu den historisch gewachsenen im amerikanischen Mississippi, von den Genpflanzen in Indien bis zu denen in China, nördlich wie südlich des Äquators, in den armen wie in den reichen Ländern, überall wird Baumwolle angepflanzt. Zu jeder Jahreszeit, vom 1. August bis zum 31. Juli des folgenden Jahres, der offiziellen Baumwollsaison der Statistiker, werden die kleinen weißen Kugeln geerntet.

In Usbekistan werden die Studenten vom örtlichen Machthaber zur Ernte zwangsverpflichtet, damit die Planvorgaben, die letzte Erinnerung an ein dahinsiechendes Sowjetsystem, erfüllt werden. In Brasilien und den Vereinigten Staaten setzen sich die Erntemaschinen in Bewegung, um lange Reihen von Sträuchern zu verschlingen und eine Baumwollkaskade auszuspucken, die später vor dem Entkörnen komprimiert wird.

Die Afrikaner boxen in diesem weltweiten Ring, in dem der Drang zum Gigantischen und zur Automatisierung keine Grenzen kennt, in einer anderen Kategorie. Ihre Plantagen sind selten größer als fünf Hektar. So auch in Burkina Faso. Burkina Faso ist wie der Tschad ein Binnenland und baut in erster Linie in der Region Bobo-Dioulasso Baumwolle an. Nähert man sich der Stadt, so künden große Werbeplakate von der Bedeutung der Baumwolle, des einheimischen »weißen Golds«. Dabei fließen Goldströme nicht gerade üppig in der Region. Nur die wichtigsten Ortschaften sind an das Stromnetz angeschlossen. In den Dörfern holt man das Wasser am Brunnen. Die Ziegen trotten gemächlich mitten durch die Siedlungen. Und die Bauern auf den Feldern haben mit Krösus nichts gemein.

Samou Waradou, ein etwa fünfzigjähriger burkinischer Bauer aus der Region Bobo-Dioulasso, führt eine kleine, in drei Parzellen aufgeteilte Plantage von fünf Hektar in der Ebene von Koumbia. Er ist Vater von sieben Kindern, von denen die ältesten bereits auf dem Feld mitarbeiten. Sein Lebensstandard hat sich verschlechtert. »Wenn wir die Kredite für Dünger, Insektizide und Pestizide zurückgezahlt haben, bleibt fast nichts mehr für uns übrig«, sagt er.

Den Beginn seiner Probleme sieht Samou Waradou im Jahr 2000. Niedergeschlagen sitzt er auf einem kleinen Holzschemel unter einem Baum, der willkommenen Schatten spendet, zwischen einem Baumwoll- und einem Maisfeld in der Nähe einer Lehmhütte, deren Boden ein bescheidener Teppich bedeckt und die während der Arbeitsperiode als Nachtlager dient. Seine Frau Boukien sagt: »Es gibt weniger zu essen. Wir können uns nichts mehr zum Anziehen kaufen. Früher konnte ich mir Küchengeräte, die ich brauchte, einfach kaufen. Jetzt geht das nicht mehr. Wir bauen Baumwolle nur noch an, um den Dünger zu bezahlen. Es ist ein Jammer, dass wir es immer noch tun«, fügt sie hinzu. Ihr Mann Samou würde gerne aufhören. »Aber wenn wir nur Mais produzieren«, sagt er, »wer würde uns dann etwas abkaufen?«

In der Tat werden in der Region Unmengen von Mais produziert. Doch das ist ein reiner Anbau für den Eigenverbrauch und bringt kein Geld in die Kasse, ebenso wenig wie der Sesam, der anderswo angebaut wird. Es gibt keinen Markt dafür. Das ist der Grund, weshalb Samou Jahr für Jahr weiter Baumwolle anbaut, seitdem er ein Mann ist.

Im Mai spitzen bereits die ersten Blätter aus der Erde hervor. Nun muss man ihr Wachstum überwachen und die zu starken Triebe entfernen, die sich sonst verheddern und die Pflanze selbst gefährden, und man muss auf ein Minimum an Wasser hoffen. Im Januar muss man sehr viele Tagelöhner einstellen, mehrere Dutzend Männer pro Hektar, um in einem oder zwei Tagen zu ernten, und das Urteil der Sofitex abwarten, der nationalen Baumwollgesellschaft von Burkina Faso. Alle Baumwollproduzenten warten angstvoll auf dieses Urteil. Wenn die Baumwolle nicht den Mindestanforderungen entspricht, bekommt man kein Geld dafür.

In diese katastrophale Situation geriet 2003 der Bauer Onitias. Einige Kilometer Sandpiste trennen ihn von Samou und Boukien Waradou. Aber Onitias ist am Boden zerstört. Er ist in tiefe Depressionen verfallen. »Lieber den Tod als diese Schande«, erklärt er dem Dorfvorsteher, der ihm zuhört. Seine Baumwolle wurde für ungeeignet zur Weiterverarbeitung befunden. Sie wird nicht entkörnt und damit nicht bezahlt werden. Wie seine Kollegen rechnete auch Onitias mit dem Geld für die Ernte, um die von der nationalen Baumwollgesellschaft während der Saatzeit gelieferten Düngemittel und Insektizide bezahlen zu können. Ohne Baumwolle und ohne Einkommen, bis zum Hals verschuldet, bleibt ihm keine andere Wahl, als seine mageren Habseligkeiten, ein paar Haustiere, zu verkaufen. Bis zur nächsten Ernte kann er seine Familie nicht mehr ernähren. Das ist der Ruin, das ist die Schande. Ohne fremde Hilfe wird Onitias nicht durchkommen.

In einigen Tagen wird sich Onitias wieder auf seine Felder begeben. Er muss schnell die Überreste seiner Baumwollpflanzen verbrennen, winzige Zweige, die von der Zerbrechlichkeit dieses Lebens künden. In der Ebene von Koumbia sind die Felder schon grün. Frauen und Kinder harken gebückt die Erde, während die Männer Furchen ziehen, die Glücklichen unter ihnen über einen Pflug gebeugt, den ein Zebu zieht.

Malloum, der Pilger der Baumwolle

Ibrahim Malloum, einer der wichtigsten Wortführer der afrikanischen Bauern und einer der seltenen Männer, deren Wort bei Politikern ebenso Gehör findet wie in der Geschäftswelt, ist der Vertreter der tschadischen Baumwollgesellschaft Cotontchad in Paris. Der hoch gewachsene Fünfzigjährige wagte als einer der Ersten Überlegungen, dass der Tschad die Weltmacht Nummer eins attackieren könnte. Wie aber sollte sich ein so armes Land, dessen Bevölkerung von Ackerbau und Viehzucht lebt, gegen die Herren der Welt erheben, die zugleich bedeutende Produzenten und Exporteure von Baumwolle waren? Nur zu leicht hätte dieses Ungleichgewicht alle Protestambitionen im Keim ersticken können. Die Tschader und die anderen afrikanischen Länder hätten sich mit den Krümeln des Festmahls begnügen und mit dem vorlieb nehmen können, was man ihnen gnädigerweise zu einem vom Markt geregelten Preis übrig ließ. Doch wenn es einen Markt gibt, auf dem die Afrikaner eine führende Rolle spielen und mit erhobener Stimme sprechen können, dann ist es der Baumwollmarkt. Schließlich stehen sie alle zusammengenommen hinter China und Amerika an dritter Stelle der Baumwollproduzenten und -exporteure.

Aber so etwas geht nicht von heute auf morgen. Ibrahim Malloum weiß das nur allzu gut. Der Sohn eines lokalen Würdenträgers erinnert sich genau, dass seine Familie in den Fünfzigerjahren, als er ein Kind war, wie alle Bewohner des südlichen Tschad verpflichtet war, einen halben Hektar Baumwolle anzupflanzen. Das war gesetzlich vorgeschrieben. Die Franzosen hofften, dadurch eine gewisse Modernisierung in einer ansonsten vom Tauschhandel geprägten Wirtschaft herbeizuführen. Diese Maßnahme war durchaus nicht uneigennützig. Wenn die Bevölkerung finanzielle Einkünfte hatte, konnte man darauf auch Steuern erheben.

Etwa siebzig Weiße kontrollierten damals in Bongor, dem Geburtsort von Ibrahim Malloum ganz in der Nähe der Grenze zu Kamerun, das Geschehen auf dem Baumwollsektor in der Region. Sie besetzten die Führungspositionen und waren außerdem als Buchhalter, Mechaniker, Ersatzteilverwalter und Landwirte tätig. Sie leiteten, berieten und experimentierten. Es waren Franzosen oder Belgier. Später, nach der Unabhängigkeit Angolas und Mosambiks, kommen ein paar Portugiesen dazu. Diese kleine Gemeinde lebt in einem gut bewachten Viertel direkt neben der Entkörnungsfabrik. Jede Familie hat ihre Villa und ihren Garten. Ein bisschen weiter weg wohnen die afrikanischen Vorarbeiter in Lehmhäusern und abseits davon die Arbeiter der Fabrik. Zur Erntezeit gehen Ibrahim und seine Freunde freiwillig auf die Felder, um bei der Ernte zu helfen. Die Arbeit erscheint diesen jungen Leuten leicht, weil sie nicht tagelang ununterbrochen den Rücken krumm machen müssen.

Ein halbes Jahrhundert später arbeitet Ibrahim Malloum im Erdgeschoss eines unauffälligen Bürogebäudes in der Rue

Monceau im achten Arrondissement von Paris. Von dort versucht er, die Baumwollernte seines Landes zu vermarkten. Den Blick auf den Monitor gerichtet, der ihm die internationalen Notierungen zeigt, telefoniert Malloum mit einem indischen Käufer, während ihm der Vertreter eines großen amerikanischen Händlers gegenübersitzt, und versucht, den Fallstricken des Marktes auszuweichen. Das ist sein Beruf, und es ist selten, dass man dabei nicht ins Straucheln gerät, ob man nun ein isolierter Trader ist oder in einem Team arbeitet.

Malloum, der oft zwischen Paris und N'Djamena hin- und herfliegt, um dem Vorstand seines Unternehmens Bericht zu erstatten, ist seit 2002 Präsident des Verbands der Afrikanischen Baumwollwirtschaft (ACA) und reist zu allen internationalen Zirkeln, in denen die Profis des Baumwollsektors regelmäßig zusammentreffen. Ob in Deauville, wo der französische Baumwollverband jedes Jahr Mitte Oktober seine Mitglieder und Gäste versammelt, in Australien oder den Vereinigten Staaten, Ibrahim Malloum stimmt dann in seinem weißen oder blauen Gewand einen Refrain an, der ihm vertraut geworden ist, nämlich den Aufruf zum Kampf gegen die herrschende Baumwollmarktordnung.

»Wie kann man zulassen, dass die afrikanischen Bauern, die afrikanischen Baumwollgesellschaften und ihre Regierungen gezwungen sind, sich auf einem unfairen Markt zu behaupten, auf dem mit gezinkten Karten gespielt wird?«, donnert er. »Wie kann man zulassen«, erklärt er auf einer Konferenz nach der nächsten, »dass die amerikanischen und europäischen Produzenten, deren Produktionskosten die der afrikanischen bei weitem übersteigen, den Markt dank enormer staatlicher Subventionen überschwemmen können? Wie kann man zulassen, dass die afrikanischen Bauern gleichzeitig angesichts eines daniederliegenden Marktes immer weniger lebensfähig sind, weil sie auf keinerlei öffentliche Subventionen hoffen können, da ihre Regierungen nicht die Mittel dazu besitzen?«

Dann schildert Malloum die katastrophalen Folgen, die der Niedergang des Baumwollpreises für die afrikanischen Nationalwirtschaften hat. Die Verluste der Baumwollgesellschaften, der staatlichen Unternehmen also, die Produktion und Vermarktung steuern, können durch öffentliche Finanzmittel nicht ausgeglichen werden. Denn die afrikanischen Staaten sind in Strukturanpassungsprogramme unter dem Diktat des IWF und der Weltbank eingebunden. Unter diesen Bedingungen dürfen diese Staaten auf keinen Fall den Erzeugern oder den Baumwollgesellschaften unter die Arme greifen. Letztere hören auf, die Pisten instand zu halten, die in die abgelegensten Produktionsgebiete führen. Allmählich werden diese dann unzugänglich, und es wird immer weniger Baumwolle angebaut.

Manchmal wird auch die landwirtschaftliche Forschung nicht mehr finanziert. Langfristig ist dadurch das Überleben der afrikanischen Baumwolle gefährdet. Und damit die soziale, wirtschaftliche und finanzielle Gesundheit dieser Landstriche. Denn in Benin, Burkina Faso, Mali und dem Tschad stellt Baumwolle eine der wichtigsten Ressourcen und einen zentralen Entwicklungsmotor dar.

2002 wurde Ibrahim Malloum sogar zu einer Konferenz in Liverpool eingeladen. Zwar ist die britische Großstadt nicht mehr das industrielle Zentrum, das sie einmal war, dennoch bleibt sie ein Fixpunkt in der Welt der Baumwolle. Liverpool ist noch immer Sitz der Liverpool Cotton Association, die über die internationale Marktordnung der Baumwolle wacht, ein Erbe aus ruhmreichen Zeiten, als von einem Ende der Stadt bis zum anderen das Klappern der Webstühle zu hören war.

Diese Marktordnung stellt sozusagen die Gesetzestafeln des Metiers. Das Dokument regelt 90 Prozent des weltweiten Baumwollverkehrs. Die darin erlassenen Vorschriften sind universell anerkannt. Im Fall eines Streits zwischen Käufern und Verkäufern, ob in Frankreich, Indien oder den Vereinigten Staaten, wird in Liverpool ein Schiedsspruch gefällt. Jeder ist verpflichtet, sich daran zu halten. Renitente Geister laufen Gefahr, auf einer schwarzen Liste zu landen, die *urbi et orbi* vertrieben wird, was einem geschäftlichen Todesurteil gleichkommt.

Ebenfalls in Liverpool wird eine der wichtigsten Referenzen des Baumwollmarktes ausgetüftelt, nämlich der »Cotlook-Index«. Jeden Tag kontaktieren die Vertreter des ehrwürdigen Hauses Cotlook die amerikanischen Trader, die Schweizer Händler, die türkischen Spinnereibesitzer, die spanischen Makler und einige andere, um den Preis der real gehandelten Baumwolle zu erfahren. Dann wird der Durchschnitt gebildet: Das ist der Cotlook-A-Index, der Kompass für die Trader auf dem Baumwollmarkt. Er spiegelt den Preis für Baumwolle auf dem physischen Markt wider und bildet die tägliche Realität ab, während der New Yorker Warenterminmarkt rein spekulativ ist.

Kaum ein Prozent der Kontrakte auf diesem Markt führen tatsächlich zu einer physischen Transaktion. Man kauft und verkauft dort nur Papier. Cotlook produziert außerdem einen ausschließlich afrikanischen Index, der der Maßstab für die Verhandlungen zwischen den afrikanischen Erzeugern und ihren Kunden ist. Zu guter Letzt sind als letztes Überbleibsel der britischen Kolonialmacht noch immer ein paar Händler dort tätig, wo früher die Wiege der europäischen Textilindustrie stand.

Diese Traditionsverhaftung macht Liverpool zu einem Mekka der Baumwolle, zu einem Ort, an dem jedes Jahr Anfang Oktober, einige Tage vor dem französischen Diner in Deauville, die Crème de la Crème der Trader, Händler, Spinnereibesitzer und Produzenten zusammenströmt. Bankiers, die im Baumwollhandel tätig sind, Versicherer und Reeder würden um nichts in der Welt diese Hochmesse verpassen. Nach einigen Versammlungen, auf denen der Zustand des Weltmarkts und die wichtigsten internationalen Wirtschaftsperspektiven erörtert werden, versammeln sich die tausend Teilnehmer an diesem Galadiner zu einem festlichen Abendessen in einem Nebengebäude des Rathauses. Die Herren erscheinen in Smoking oder traditioneller Kleidung, die Damen in großer Robe, Sari oder traditionellem Umhang. Nachdem der Präsident der Liverpool Cotton Association in bester britischer Tradition jeden einzelnen Teilnehmer bei seiner Ankunft begrüßt hat, wird er selbst feierlich von piekfein gekleideten Türhütern an seinen Tisch geleitet.

Das Abendessen wird immer wieder durch Trinksprüche auf die Nation, Ihre Majestät die Königin von England oder den Bürgermeister von Liverpool unterbrochen. Jeder muss aufstehen und darauf sein Glas erheben. Beim ersten Mal ist das Ritual überraschend, beim zweiten schon lästig. Aber man muss dabei sein, um die Stimmung und das Klima auf dem Markt zu spüren, eine Information aufzuschnappen oder einen neuen Kontakt zu knüpfen, der morgen vielleicht in ein Geschäft mündet. Und Afrika hat Anteil an diesen Diskussionen, diesem Austausch und den diskreten bilateralen Kontakten in Hotelzimmern. Denn Afrika ist integraler Bestandteil der weltumspannenden Baustelle der Globalisierung des Baumwollmarkts. Es jammert darüber, stampft mit den Füßen auf und heult. Aber es existiert, weil es produziert und verkauft.

In den meisten westafrikanischen Ländern tragen die Baumwollausfuhren in der Tat einen beträchtlichen Teil zum Bruttoinlandsprodukt und einen noch größeren zu den Deviseneinnahmen bei. Das ist das Ergebnis einer langen Anstrengung, eines langfristig wirksamen politischen Willens. 1950, als Ibrahim Malloum noch ein Kind war, war der Produktionsertrag des frankophonen Afrika eher symbolisch: 28 000 Tonnen. Dreißig Jahre später, 1980, erreichte die Ernte 210 000 Tonnen. Seitdem haben die Afrikaner den Rhythmus unablässig beschleunigt. Zu Beginn des 21. Jahrhunderts ernten die frankophonen Afrikaner etwa eine Million Tonnen Baumwolle jährlich. Sie produzieren ebenso viel wie die zentralasiatischen Länder, mehr als Indien oder Australien. Sie stehen je nach Jahr auf der zweiten oder dritten Stufe des Podests der Baumwollausfuhrländer. Das ist kein geringer Erfolg.

Die afrikanische Baumwolle ist französisch

Dieser Erfolg, dessen Basis selbstverständlich die Arbeit der afrikanischen Bauern und Manager ist, geht auch auf das Konto der Französischen Textilgesellschaft. Die Französische Gesellschaft für die Entwicklung der Textilindustrie (CFDT), seit der Kolonialzeit gewissermaßen der weltliche Arm der französischen Autoritäten auf dem afrikanischen Baumwollsektor, ist heute umbenannt in Dagris und hält nach wie vor erhebliche Beteiligungen am Kapital der afrikanischen Baumwollunternehmen, zwischen 19 und 50 Prozent.

In Mali kontrollieren die Franzosen noch immer 40 Prozent des Kapitals der CMDT, der wichtigsten Baumwollgesellschaft der Region. Mali allein produziert nämlich die Hälfte der einen Million Tonnen, die jedes Jahr in dieser Zone geerntet werden. Doch das französische Konzept der Marktorganisation, das auf einer totalen Zentralisierung der Landwirtschaft und des Vertriebssystems beruht, verliert überall an Boden. Das ist die Folge des Drucks, den internationale Finanzorganisationen auf die afrikanischen Staaten ausüben.

Diese Institutionen drängten die Regierungen von Cotonou, Bamako, Yaoundé und Abidjan unablässig zu einer Privatisierung des Baumwollsektors wie zur Privatisierung der anderen Wirtschaftszweige. Wie immer war es die Elfenbeinküste, die als Erste dem Druck nachgab. Die Entkörnungsfabriken – der wichtigste Aktivposten dieser Industrie – wurden zwei privaten Unternehmern übereignet, einer von ihnen ist Aga Khan. In Benin fiel beinahe die Hälfte der achtzehn Entkörnungsfabriken an private Investoren. Doch der Baumwollsektor dieses kleinen Landes gehört zu den am schlechtesten verwalteten der Welt. Baumwolle hat dort nur ein geringes wirtschaftliches Potenzial. Das hinderte den Staat jedoch nicht daran, einige befreundete Industrielle beim Aufbau einer vollkommen überdimensionierten Industrie zu unterstützen.

Die Tendenz zur Privatisierung des westafrikanischen Baumwollsektors ist unaufhaltsam, wenn auch derzeit noch begrenzt. Selbst die Franzosen von Dagris ziehen am gleichen Strang. 2004 wurde ihnen die Verwaltung einer noch wenig erschlossenen Zone im Nordosten von Burkina Faso überlassen. Sie haben nun ein Monopol auf den Aufkauf, das Entkörnen und den Export der Baumwolle, die die Bauern in dieser Region produzieren. Das mag seltsam erscheinen. Schließlich waren die Führer der CFDT-Dagris die Speerspitze im Kampf gegen die Privatisierung dieser Unternehmen, die die Weltbank und der IWF forderten. Heute haben sie sich an die liberalen

Vorgaben angepasst. Allerdings spielten die Verantwortlichen dieses staatlichen französischen Unternehmens eine Schlüsselrolle beim Kampf gegen die Subventionen, die die Regierung den amerikanischen Baumwollproduzenten gewährt, und schlugen dafür eine Schlacht nach der anderen.

Die ersten öffentlichen Salven werden im Oktober 2001 auf der Jahresversammlung des Französischen Baumwollverbands in Deauville abgefeuert. Ihr Urheber ist Dov Zerah, der seit vierzehn Monaten die Geschicke von Dagris leitet. Dieser hohe Beamte, der vom Kabinett Edith Cressons in die Europäische Kommission in Brüssel wechselte und später aus dem Ministerium von Corinne Lepage ins Umweltministerium, stellt öffentlich die Überlebenschancen des afrikanischen Baumwollsektors angesichts maßlos subventionierter Produktionen infrage. »In den Vereinigten Staaten«, empört er sich im Oktober 2001 vor mehreren hundert Gästen, »erhalten die Produzenten für jedes Pfund Baumwolle 52 Cent von ihrem Bundesstaat.« Dieses leidenschaftliche Eintreten für die Dritte Welt überraschte nicht wenig. Was war nur in ihn gefahren? Wozu dieser Sturm auf die amerikanische Festung? Sicher, es zeugte von Großherzigkeit, einen Feldzug zur Verteidigung der afrikanischen Schützlinge zu starten. War es nicht wirklich die eigentliche Aufgabe der Gesellschaft, der Mutter und Beschützerin der afrikanischen Baumwollpflanzer, sie vor der Gefahr zu bewahren? Zeigte sich darin nicht die Größe des Vaterlands der Menschenrechte?

Dabei knüpft Dov Zerah nur an die Positionen seines Vorgängers an der Spitze der CFDT an. Michel Fichet, der Mann, der ihm 1999 den Stab übergibt, ist ein Protégé Jacques Chiracs, für den er in den Achtzigerjahren die Öffentlichkeitsarbeit organisiert. Der ehemalige Chef des Schlichtungsausschusses der Personalabteilung von Peugeot leitet die CFDT zwölf Jahre lang. Er glänzt dort gleichermaßen durch seine politische Weitsicht wie durch seine Tatenlosigkeit. Weil er die Zerschlagung der afrikanischen Baumwollproduktion verhindern will, prangert er die amerikanischen Subventionen an und führt in den letzten Jahren seiner Amtszeit einen Dauerkrieg gegen die Weltbank und den IWF, in dem er so weit geht, dass er sich weigert, Englisch zu sprechen. Es ist ein stiller Krieg, der nirgendwo ein Echo findet. Keine öffentliche Erklärung, keine Pressemitteilung. Die Überzeugungen der CFDT und ihres Präsidenten dringen nicht über den engen Zirkel eingeweihter Afrikanisten hinaus. Wem ist damit geholfen?

Fichet wird von einem absoluten Pessimismus geleitet. Er ist überzeugt von der unvermeidlichen Niederlage der Positionen, die er der Weltbank gegenüber vertritt, und vom absehbaren Verschwinden der Gesellschaft, die er leitet. Er schließt sich in seinem Elfenbeinturm ein und lässt den Dingen ihren Lauf. Zwölf Jahre lang macht die CFDT, die in den Verwaltungsräten der afrikanischen Baumwollgesellschaften sitzt, keinen Finger krumm, um gegen die Entgleisungen vorzugehen, unter denen sie leiden. Ihre Führung grenzt bisweilen ans Apokalyptische. Ihr Kapital dient den aktuellen Regierungen als schwarze Kasse, besonders in Mali, wo die Korruption allgegenwärtig ist. Die Einnahmen der Gesellschaften sind lächerlich, ihre Ausgaben beeindruckend. Was die Bilanzen der CFDT, des Hauptaktionärs dieser Unternehmen, mit erheblichen Schulden belastet.

Als Chef eines Unternehmens mit staatlichem Kapital, das auf einem hart umkämpften Weltmarkt seinen Platz behaupten muss, fühlt sich Dov Zerah regelrecht in die Zange genommen. Seine Filialen kontrollieren weder den Einkaufspreis, den sie den Bauern für ihre Baumwolle zahlen – denn dieser wird von den afrikanischen Regierungen festgelegt –, noch den Verkaufspreis auf dem Weltmarkt, der von der Börse in New York bestimmt wird. Die bestehende Zentralisierung des Sektors, die von seinen zahlreichen Vorgängern konzipiert und verwirklicht wurde, ist zwar in seinen Augen die ideale Lösung zur Reduzierung der Selbstkosten, doch die Weltbank will nichts mehr davon wissen.

Während die Globalisierung auf der ganzen Welt zu Fusionen und Unternehmenskonzentrationen führt, will die Weltbank in Afrika ganz im Gegenteil die wenigen noch existierenden Baumwollunternehmen zerschlagen, wenn sie nicht von Politikern und Funktionären ausgeplündert werden oder die Weltmarktpreise nicht zu niedrig sind.

Dov Zerah braucht mehr finanziellen Spielraum. Er beauftragt die Experten von Dagris, Marktunstimmigkeiten aufzuspüren, um auf diese Weise ein paar Cent pro Pfund Baumwolle herauszuschinden. Die amerikanischen Subventionen sind ein Problem, das ist offensichtlich. Der Chef von Dagris versucht, seine Idee den französischen und europäischen Verantwortlichen zu verkaufen. Sie wird eher kühl aufgenommen. Warum sollte man sich mit den Amerikanern anlegen? Subventionieren nicht auch die Europäer selbst die griechischen und spanischen Baumwollproduzenten? Zwar verteilen die Amerikaner großzügige Beihilfen an ihre Produzenten, manche von ihnen erhalten bis zu 150 000 Dollar pro Jahr, doch die Europäer werden zu diesem Zeitpunkt sogar noch reichlicher bedacht. Insgesamt produzieren die Europäer zwar viel weniger als die Amerikaner. Das »Baumwoll-Budget« der Europäischen Union ist verschwindend gering. Aber die Griechen und Spanier bekommen für jedes Pfund Baumwolle fast einen Dollar Garantiepreis.

Der amerikanische Staat garantiert seinen Pflanzern 82 Cent Minimum. Die Afrikaner hingegen müssen sich mit dem begnügen, was der Markt hergibt: Das sind 30 Cent im Jahr 2001. Wie könnten die Franzosen Brüssel dazu bewegen, dass es gegen die amerikanischen Subventionen vorgeht, ohne gleichzeitig die europäischen Subventionen infrage zu stellen? Zerahs Lobbyarbeit scheint in Paris wie in Brüssel fruchtlos zu sein. Das Schicksal der afrikanischen Baumwollpflanzer interessiert niemanden, und man will vor allem nicht in einen neuen Handelskrieg mit den Amerikanern hineingezogen werden.

Dov Zerah lässt dennoch nicht locker. Dank der Subventionsoffensive kann er die Schwierigkeiten der Dagris und ihrer amerikanischen Tochter ACSI verschleiern. Die ACSI wurde in den Achtzigerjahren aufgekauft und ist eine Handelsfirma. Sie sollte den Franzosen helfen, in den amerikanischen Markt vorzustoßen, Marktanteile zu erobern und dadurch weniger abhängig von den afrikanischen Filialen zu werden. Doch leider wird auch sie ein Opfer der Pechsträhne, mit der die französischen Unternehmen in den Vereinigten Staaten geschlagen sind. Fünf Jahre nach dem Kauf wird die ACSI liquidiert, weil sie nicht in der Lage ist, den Kapitalanforderungen der New Yorker Warenterminbörse zu genügen. Das Huhn, das goldene Eier legen sollte, erweist sich als Fass ohne Boden. Die französischen Aktionäre müssen einen Schuldenberg von 16 Millionen Dollar schultern. Das hätte normalerweise zum Konkurs der CFDT führen müssen. Aber eine tragende Säule der französischen Afrikapolitik lässt man nicht so sang- und klanglos verschwinden. Das Finanzministerium zahlt. Der amerikanische Schuldenberg ist getilgt.

Was für eine seltsame Verkehrung der Situation. Als Hauptaktionär eines amerikanischen Baumwollhandelsunternehmens hätte Dagris indirekt vom System der Subventionen profitieren können, das es von nun an bekämpft. Wäre ACSI ein prosperierendes Unternehmen gewesen, hätten sich Dagris und seine Führer bestimmt nicht so leidenschaftlich in die Schlacht gestürzt. Nachdem das amerikanische Abenteuer zu Ende war und ihnen einzig die afrikanischen Gefilde blieben, wandelten sie sich plötzlich zu Brandstiftern und tollkühnen Kämpfern gegen die amerikanische Politik und bliesen zum Angriff auf einen Ort, der allem Anschein nach eine uneinnehmbare Festung war. Der von den amerikanischen Lobbys entwickelte Subventionsmechanismus funktioniert fehlerlos. Selten nur findet sich eine Bresche, durch die der Markt eindringen kann. Alle Probleme, alle wirtschaftlichen Unwägbarkeiten sind ausgeschaltet. Alle Zweige der Branche können beruhigt im Schutz einer Mauer von Dollars arbeiten: vier Milliarden Dollar, die durch ein paar banale Telefonate, ein paar Verwaltungsschriftsätze bewilligt werden können. Vier Milliarden Dollar. Verzeihen Sie die geringe Summe. Wie gerne hätten Burkina Faso oder der Tschad einen einzigen Zuschuss als staatlichen Jahresetat. Sie sind meilenweit davon entfernt.

Die amerikanische Baumwolle ist universell

Viele Initiativen zugunsten amerikanischer Baumwollpflanzer gehen von Memphis aus, der Hauptstadt des Bundesstaats Tennessee. Dort haben die meisten großen amerikanischen Händler und eine Vielzahl von Erzeugerorganisationen ihren Sitz. Außerdem werden dort innerhalb von ein paar Monaten an der Baumwolluniversität die amerikanischen Trader ausgebildet, die auf diesem Markt tätig werden. Binnen weniger Wochen erfährt man, was eine Faser ist, wie man sie analysiert, wie man sie am sinnvollsten verwendet und am besten verkauft. Östlich von Memphis liegen die alteingesessenen Plantagen, auf denen noch ein wenig der Geist früherer Zeiten spürbar ist. Die Plantagen von South Carolina über Alabama bis nach Georgia erreichen im Durchschnitt 200 Hektar.

Westlich von Memphis regiert der Größenwahn. Die kleinste Plantage hat schon tausende von Hektar. Texas, das so groß ist wie Frankreich, ist eine Welt für sich, und das Universum der Baumwollanbauer ist in sich geschlossen. Auf den schnurgeraden Straßen, die die Felder säumen, begegnet einem zuweilen ein flott dahinfahrendes weißes Cadillac-Kabriolett. Anstelle eines Kennzeichens sieht man ein »Z« auf dem Hintergrund der alten Konföderiertenflagge. Früher brandmarkte man die Tiere, heute markiert man die Autos. Diese Pflanzer leben in der Unendlichkeit ihrer Felder und kümmern sich nicht um die Außenwelt. Wichtiger als alles andere ist der Wetterbericht: Man muss immer wissen, wie viel Wasser auf die Plantagen fallen wird. Denn die Baumwollernte hängt in erster Linie vom Regen ab. Bleibt er aus, sodass sich eine schlechte Ernte und ungenügende Qualität abzeichnen, wird alles vernichtet. Die staatlichen Subventionen garantieren in jedem Fall ein gesichertes Einkommen, egal, ob geerntet wird oder nicht. Die Produktion ist mit keinerlei Risiko verbunden.

In Kalifornien spielt sich ein anderes Szenario ab. Wasser gibt es dort in Unmengen, die Bewässerung erledigt sich somit von selbst. Es gibt kaum noch Handarbeit, vielmehr herrscht totale Automatisierung. Die Baumwollfelder erstrecken sich, so weit das Auge reicht. Die Pflanzenreihen dehnen sich kilometerlang ohne Unterbrechung aus. Es ist unmöglich, in einem

Baumwollfeld am Horizont die Farbe einer anderen Anpflanzung zu erkennen. Das menschliche Auge sieht nicht weit genug. Der Dünger wird selbstverständlich mit dem Flugzeug ausgebracht. Und wenn die Erntezeit gekommen ist, nehmen riesige Maschinen vor vier Reihen Baumwolle gleichzeitig Aufstellung. Baumwolle und Zweige werden von großen Walzen aufgesaugt und verschwinden in ihrem Innern, um anschließend sortiert zu werden. Die Besitzer dieser Plantagen haben nicht mehr viel mit den traditionellen Bauern gemein und noch weniger mit den Baumwollpflanzern östlich von Memphis. Sie sind Geschäftsleute, die sich mit landwirtschaftlichen Techniken und Finanztransaktionen auskennen. Sie tragen ebenso oft Anzug mit Krawatte wie einen blauen Overall und produzieren heute Baumwolle auf der Basis der ausgeklügelten Berechnungen, die ihre Experten erstellt haben. Man hat ihnen Rentabilität versprochen. Und wenn die Rentabilität sinkt, gehen sie zu Soja über.

Die etwa dreißigtausend amerikanischen Baumwollproduzenten, die sich in mächtigen Lobbys zusammengeschlossen haben und lokale oder gesamtstaatliche Wahlkampagnen finanzieren, kämpfen mit drastischen Argumenten um die Gunst ihrer Wähler. »Wir dürfen bei der Baumwolle nicht so vom Ausland abhängig werden, wie wir es beim Erdöl schon sind«, hämmern sie ihren Zuhörern während der Kampagne ein, die der Verabschiedung der »Farm Bill« 2002 vorausgeht. Um die Kongressabgeordneten von der Notwendigkeit einer Fortführung der großzügigen Hilfsprogramme für die Baumwollproduzenten zu überzeugen, heben sie die große Bedeutung ihrer Tätigkeit für die amerikanische Wirtschaft hervor. Mehr als dreihunderttausend Arbeitsplätze hängen in den Plantagen selbst davon ab, und noch viel mehr auf nationaler Ebene – jeder dreizehnte Amerikaner ist angeblich in der Baumwollindustrie beschäftigt, auf deren Konto jedes Jahr die Kleinigkeit von 40 Milliarden Dollar Einkommen für das Land gehen soll.

Mit solchen Behauptungen finden die Produzenten Gehör bei den Politikern. »Wir sind verpflichtet, alle Regionen des Landes gleichermaßen finanziell zu unterstützen. Wir können nicht den Getreideproduzenten im Mittleren Westen das Leben erleichtern und die Baumwollpflanzer in Alabama im Stich lassen«, erklären die amerikanischen Verhandlungspartner ihren europäischen Gesprächspartnern, um das Ausmaß der Subventionen zu rechtfertigen. Von diesem System und den daraus resultierenden Ernteüberschüssen, die die Weltmarktpreise drücken, profitieren auch manche jenseits der amerikanischen Grenzen. Die zu Dumpingpreisen auf den Weltmarkt geworfene amerikanische Baumwolle liefert den chinesischen – morgen den indischen – Spinnereien einen kostengünstigen Rohstoff und ermöglicht ihnen ihren schnellen Aufschwung. Auf diese Weise finanzieren die amerikanischen Steuerzahler die asiatische Textilindustrie.

Die amerikanische Baumwolle wird in immer größeren Mengen ins Ausland exportiert. 2004 exportierten die Amerikaner im dritten Jahr in Folge zweieinhalb Millionen Tonnen, mehr als die Hälfte ihrer Baumwollproduktion. 2005 wuchs dieser Anteil noch weiter: Von zwanzig Millionen produzierten Ballen wurde ein Viertel im Land weiterverarbeitet, während der großzügig subventionierte Rest in die chinesischen und indischen Fabriken wandert, wo in schlecht bezahlter Handarbeit Hosen und Hemden hergestellt werden, die anschließend wieder in die Vereinigten Staaten und nach Europa reexportiert werden, wo sie die einheimischen Spinnereien in den Industrieländern ruinieren.

Das amerikanische Subventionssystem für die Baumwollproduzenten ist eine zweischneidige Waffe. Es freut die amerikanischen Pflanzer, indem es ihnen ein gesichertes Einkommen garantiert. Es ermöglicht einigen asiatischen Schwellenländern, ihre Industrialisierung voranzutreiben. Zugleich aber bewirkt es eine weltweite Arbeitsteilung in der Textilindustrie, innerhalb derer die afrikanischen Länder bestenfalls eine Randposition einnehmen können.

Zahlreiche Institute und Wirtschaftswissenschaftler stärkten diesen kleinen Erzeugerländern in den letzten Jahren den Rücken und wiesen mit fundiertem Zahlenmaterial die schädlichen Auswirkungen dieser Subventionspolitik auf die Weltmarktkurse für Baumwolle nach. Zwischen 2002 und 2004 wurden sieben Untersuchungen veröffentlicht, darunter zwei des Internationalen Baumwollkomitees (ICAC).

In diesem Komitee mit Sitz in Washington haben sich Erzeuger- und Verbraucherländer zusammengeschlossen. Seine Neutralität und Objektivität sind über jeden Zweifel erhaben. Das ICAC schätzte aufgrund mathematischer Modellrechnungen, dass der Wegfall der staatlichen Subventionen in der Saison 2001/2002 zu einer Steigerung der Weltmarktkurse um 70 Prozent und im folgenden Jahr zu einer Zunahme um 15 Prozent geführt hätte, die in erster Linie den afrikanischen Produzenten zugute gekommen wäre. Alle Forscher gehen, je nach der verwendeten Berechnungsmethode und dem ausgewählten Jahr, von einer Kurssteigerung zwischen 12 und 30 Prozent aus. Das erklärt, mit welcher Heftigkeit seit Beginn des neuen Jahrtausends der Kampf gegen die amerikanischen und europäischen Subventionen geführt wird.

Die Auseinandersetzung gewann gerade zu diesem Zeitpunkt an Schärfe, weil die Weltmarktkurse drastisch einbrachen. In New York erreichten sie ihren historischen Tiefststand, 28 Cent pro Pfund. Ein elender Preis. Niemand kann damit noch seinen Lebensunterhalt bestreiten. Nur die amerikanischen und europäischen Produzenten bringen dank der Subventionen, die sie beziehen, ihre Schäfchen ins Trockene.

Der freie Markt, auf dem die Produktion theoretisch Erträge abwerfen und ein Preis festgelegt werden soll und der aus dem Gleichgewicht von Angebot und Nachfrage resultiert, funktioniert nicht mehr befriedigend. Zwar trifft es zu, dass die Produktion 2001 bei weitem die Nachfrage überstieg und dass daraus ein Ungleichgewicht entstand, das seinen logischen Niederschlag in den Kursen fand. Doch abgesehen von den amerikanischen Subventionen verfälscht auch die Intervention der Pensionskassen auf dem New Yorker Markt das Spiel immer mehr.

Diese Fonds haben sich bei ihren Fehlinvestitionen an den Börsen und beim Platzen der Technologieblase die Finger verbrannt und setzen heute, angelockt vom Höhenflug der Kurse von Rohmetallen und Erdöl, den die starke chinesische Nachfrage antreibt, auf die Warenterminmärkte für Rohstoffe. Mittlerweile dominieren sie sie. Mehr als die Hälfte der virtuellen Liefer- oder Kaufkontrakte für Baumwolle in New York werden heute von ihnen abgeschlossen. Das trägt zu einer Beschleunigung und Zunahme der Börsenbewegungen bei, die in Abhängigkeit von den grundlegenden Marktdaten – Produktionsmenge, Konsumniveau und Lagerbestand – zu verzeichnen sind.

Kurssteigerungen fallen ebenso wie Kursrückgänge drastischer aus. Wird ein Schwellenwert überschritten, löst der darauf programmierte Computer Käufe oder Verkäufe aus. Diese von Rentabilitätsüberlegungen geleiteten massiven Bewegungen haben oft spürbare Auswirkungen auf die Produzenten, denen die Volatilität der Kurse das Leben enorm schwer macht. Die Kurse fallen? Umso besser. Legen wir noch eins drauf. Wir lassen uns nicht von den Fonds an der Nase herumführen. Lasst uns ein für alle Mal einen guten Preis festlegen, den staatlichen Garantiepreis nämlich. Die Produzenten verstärken also die Tendenz im Fall eines massiven Kursrückgangs. Es ist in ihrem Interesse, wenn die Dynamik so stark ist, dass möglichst schnell der Grenzwert für die Auszahlung der Beihilfen erreicht wird. Denn dann sind ihnen 80 Cent pro Pfund Baumwolle sicher.

Doch dieses kleine Spekulationsspiel kann sogar für die großen amerikanischen Häuser gefährlich werden. Der Sturz des Hauses Hohenberg im Januar 1990 ist allen noch in Erinnerung. 1985 beschließt Julien Hohenberg, das bis dahin von ihm geführte Familienunternehmen, das sein Großvater 1879 gegründet hatte, an den multinationalen Konzern Cargill zu verkaufen und seine eigene Baumwollhandelsfirma zu gründen, die »Julien Company«.

Julien Hohenberg hat das Baumwollgeschäft bei seinem Vater gelernt, bevor er eine Ausbildung an den renommiertesten Universitäten der Ostküste, an der Tufts University von Boston und in Yale, absolvierte. Hohenberg, ein Menschenrechtler und Antiapartheidkämpfer, der gewissen afroamerikanischen Bewegungen nahe steht und 1967 von seinen Gefährten zum »Mann des Jahres« gewählt wird, hat einen guten Ruf. Innerhalb weniger Jahre, in denen die Julien Company einen bemerkenswerten Aufschwung nimmt, wird sie zur Nummer zwei im weltweiten Baumwollhandel. Leider aber bricht im Januar 1990 alles zusammen.

Die Banken sind der Ansicht, dass Hohenberg über seinem Erfolg den Kopf verloren hat und dass seine Spekulationen auf dem Warenterminmarkt bei weitem die realen Geschäftsbewegungen der Firma übersteigen. Er hat um viel mehr gespielt, als er in der Kasse hatte. Das ist der Bankrott. Es fehlen 500 Millionen Dollar. Hohenbergs persönliches Vermögen wird gepfändet. Als der brutale Sturz eines Stars des Metiers bekannt wird, fallen die Kurse in New York plötzlich ins Bodenlose, und auf den fünf Kontinenten bricht eine Panik aus, die zu geschätzten Verlusten von 100 Millionen Dollar führt.

So dehnt New York seinen Einflussbereich auf den Weltmarkt für Baumwolle aus, ohne dass sich Widerstand dagegen regt. Kein anderer Börsenplatz macht ihm seine Vorherrschaft streitig. Weder die Chinesen noch die Australier noch die Usbeken, ebenfalls große Baumwollproduzenten, haben einen eigenen Markt. Im internationalen Wettbewerb, der unter den Erzeugern tobt, ist das ein nicht zu leugnender Vorteil, der wahrscheinlich eine ebenso erhebliche Rolle spielt wie die Subventionen, gegen die in Kürze der Aufruhr ausbrechen wird.

Die Afrikaner proben den Aufstand

Dabei hatten die Afrikaner 2001, als die Rebellion begann, noch gar nicht ihren Tiefpunkt erreicht. Sicher, die Weltmarktkurse waren 2001/2002 auf den niedrigsten Stand seit dreißig Jahren gefallen. In allen Nichtregierungsorganisationen und in allen Dritte-Welt-Lädchen hielten die guten Seelen die Taschentücher bereit und schickten sich an, das Trommelfeuer der Forderungen anzuschlagen. Vor Ort jedoch lag kein Drama in der Luft. Das Jahr kündigte sich sogar eher gut an. Das grenzte keinesfalls an ein Wunder, sondern erklärte sich ganz banal durch eine Reihe glücklicher Umstände.

Zunächst einmal brach die Ernte alle Rekorde. Zum ersten Mal überschritt das frankophone Afrika die Marke von einer Million Tonnen. Die Erträge waren optimal, ein Beweis für bemerkenswertes handwerkliches Können und Ergebnis eines breiten Einsatzes von Dünger sowie idealer klimatischer Bedingungen. In Dollars hingegen bahnte sich angesichts der Weltmarktkurse eine Katastrophe an. Doch der CFA-Franc, der in diesem Jahr im Verhältnis zum Dollar sehr schwach war, stellte das Gleichgewicht wieder her. Jede verkaufte Tonne Baumwolle brachte den Baumwollgesellschaften reichlich Gewinn ein. Vor allem aber hatten die afrikanischen Regierungen die Einkaufspreise für Baumwolle für ihre Bauern schon vor der Katastrophe festgelegt. Und diese Preise waren gut. In Burkina Faso wie in Mali, dem Haupterzeugerland der Region, herrschte Wahlkampf. Die politischen Führer wollten wieder gewählt werden. So füllten sie die Kassen der Produzenten, die vor allem in Mali, wo im Jahr zuvor infolge eines zu niedrigen Preises für die Erzeuger die Baumwollernte praktisch komplett ausgefallen war, aussäten, was das Zeug hielt. Dadurch entgingen die Bauern 2001 noch dem Zusammenbruch, der sich bereits ankündigte.

In ihrem Optimismus wurden sie noch bestärkt durch die Haltung der Baumwollgesellschaften. Getreu den Grundsätzen guter Geschäftsführung hatten diese einen Teil ihrer Ernte bereits im Voraus verkauft. Dadurch hatten sie den Kursverfall umgangen. Der Schaden hielt sich in Grenzen. Doch nach dem Erntebeginn waren diese Maßnahmen nicht mehr ausreichend. Man musste verkaufen. Die Kurse hatten bereits ihren Sinkflug begonnen. Doch was half das, man musste sich mit dem Verkaufen beeilen, bevor die Situation in New York sich verschlimmerte.

Ende Dezember 2001 war in Mali, Burkina Faso, Benin und an der Elfenbeinküste bereits die Hälfte der Ernte verkauft. Verkauft? Eher verschenkt, zu unglaublich niedrigen Preisen, unter dem Selbstkostenpreis verschleudert, mit einem Verlust von 430 Dollar pro Tonne. Und zu allem Überfluss begann nun auch noch der Dollarkurs zu fallen. Für jeden Dollar gab es weniger Euros. Für jeden Euro weniger CFA-Francs. Damit war es auch um das letzte Sicherheitsnetz der afrikanischen Produzenten geschehen. Der Einkommensverlust in einheimischer Währung wurde unerträglich. Wie sollte man mit einem derart niedrigen Baumwollpreis den Kauf landwirtschaftlicher Grundprodukte finanzieren? Wie bei einem derart niedrigen Dollarkurs die Schulgebühren für die Kinder bezahlen? Wie sich ernähren? So lauteten die Fragen, die die amerikanische Politik auf dem afrikanischen Land aufwarf.

Die Ersten, die zum Aufstand bliesen, waren die Burkinabè. Das ist nicht verwunderlich, denn Burkina Faso verfügt über die beste Infrastruktur und Verwaltung des Baumwollsektors, und seine Bauern sind dort am besten vertreten. Seit 1999 besitzen sie ein Drittel des Kapitals der nationalen Baumwollgesellschaft. Seit 2000 verfügen sie über eine breite Mehrheit der Sitze im Verwaltungsrat, der für die Einholung der Gebote verantwortlich ist.

Anfangs bestürmten diese Neulinge die Führer der Sofitex mit Fragen. Dann wurden die Fragen seltener. Innerhalb weniger Jahre eigneten sich diese Bauern das finanzielle und industrielle Wissen über ihr Arbeitsgebiet an. Was sie entdeckten, machte ihnen freilich wenig Freude. Der Blick auf den Weltmarkt trifft sie mit grausamer Klarheit. Es ist wahrlich ein Schock. Am 21. November 2001 veröffentlicht die Vereinigung der Baumwollproduzenten von Burkina Faso zum ersten

Mal einen »Appell an die Baumwollproduzenten Westafrikas«. Der Text, der von den Organisationen Malis und Benins mitunterzeichnet wird, prangert die perversen Effekte der amerikanischen und europäischen Subventionspolitik an: Sie bietet künstliche Produktionsanreize und führt zu einer Überproduktion und damit zu einem Kursverfall auf dem Weltmarkt. »Wir müssen uns daher fragen, inwieweit die reichen Länder wirklich willens sind, die Armut in Afrika einzudämmen. Die Baumwollproduzenten Westafrikas haben verstanden, dass sie diese Armut nur aus eigener Anstrengung ausmerzen können. Sie haben sich an die Arbeit gemacht und nun, genau zu dem Zeitpunkt, da sie einen neuen Produktionsrekord aufstellen, brechen die Baumwollkurse plötzlich ein.«

Wer aber besucht schon die Websites der burkinischen Baumwollproduzenten? Es herrscht dort kein Gedränge. Um das mächtige Amerika zu erschüttern, braucht es stärkere Geschütze. So setzen sich nun die katholischen Hilfswerke in Bewegung. Ein paar französische Priester, denen die Bedrohung der afrikanischen Baumwollproduzenten zu Herzen geht, mobilisieren ihre europäischen Kontakte. Sie lassen Schriftstücke zirkulieren, in denen die Ungerechtigkeit der Welt angeprangert wird.

In Burkina Faso können sie auf die charismatische Figur von François Traoré zählen, den Präsidenten des Verbands der burkinischen Baumwollbauern. Innerhalb weniger Jahre wurde er zu einem Stammgast auf internationalen Foren, wo er oft im traditionellen ockerfarbenen Baumwollumhang seine imposante Gestalt spazieren führt. François Traoré stammt aus einer Bauernfamilie vierhundert Kilometer westlich der Landeshauptstadt Ouagadougou und leitet eine kleine Plantage, auf der er wie alle Welt unter den Wechselfällen des Weltmarkts leidet. 2003 errechnet er, dass seine Plantage beim derzeitigen Niveau der Weltmarktkurse keine Einnahmen abwerfen, sondern in diesem Jahr einen Verlust von etwa 3300 Euro machen wird. Obwohl er weder zu Zornesausbrüchen noch zu Gefühlsergüssen neigt, wird er nun dank der Schlagkraft seiner Organisation und seiner festen Überzeugungen zum Bürgen für die zahllosen humanitären Organisationen und Entwicklungshilfeverbände, die sich mittlerweile diese hehre Aufgabe auf die Fahne geschrieben haben.

Der Aufruf von François Traoré, die Aktionen der NGOs und die Lobbyarbeit von Dov Zerah, dem Präsidenten von Dagris, sorgen schließlich für genügend Wirbel. Die Medien beginnen sich für die Angelegenheit zu interessieren.

Doch noch liegen viele Hürden auf dem Weg dieser Kreuzzügler der Baumwolle. Und die rein afrikanischen Hindernisse sind nicht die harmlosesten. Denn nicht nur den Europäern, auch den Afrikanern widerstrebt die Idee, gegen die amerikanischen Subventionen ins Feld zu ziehen. Viele afrikanische Politiker haben Angst davor, sich mit dem mächtigen Amerika anzulegen, das seinen Druck auf sie verstärkt. Die Vereinigten Staaten beobachten den afrikanischen Kontinent mit wachsendem Interesse. Vom Tschad bis zum Golf von Guinea gibt es kaum noch Regionen, die unbeachtet vom Weißen Haus, vom Außenministerium oder von den großen Ölunternehmen sind. Afrika besitzt nämlich Erdöl. Und das erregt das Interesse Amerikas, das seine Abhängigkeit von den Erdöllieferanten am Persischen Golf verringern möchte.

Unter der Federführung von Präsident Clinton und später George W. Bush entwerfen die Vereinigten Staaten daher ein Handelsgesetz, den African Growth and Opportunity Act (AGOA). Dieses Gesetz soll das Wachstum und die ökonomischen Möglichkeiten in Afrika regeln und billigt den von Washington auserwählten Ländern eine Reihe von Privilegien zu. Im Gegenzug müssen diese Länder sich verpflichten, eine Marktwirtschaft aufzubauen. Sie müssen außerdem amerikanischen Waren und amerikanischem Kapital freien Zugang auf ihr Territorium gewähren.

Kein afrikanischer Staatschef kann eine solche Erpressung mit Verachtung strafen. Der Widerstand gegen die amerikanische Subventionspolitik für Baumwollpflanzer könnte einem *casus belli* gleichkommen. Im kleinen Kreis der afrikanischen Staatschefs herrscht Panik. Der senegalesische Präsident Wade sowie sein malischer Kollege Amadou Toumani Touré scheuen vor einem Kampf zurück. Man versteht, dass die Senegalesen, deren Baumwollproduktion verschwindend gering ist, wenig Lust verspüren, für einen ziemlich geringen Vorteil Schläge zu beziehen. Auf Seiten der Malier ist diese Vorsicht weniger verständlich. Denn Mali ist der Hauptbaumwollproduzent der Region und würde von einer Preissteigerung für Baumwolle auf dem Weltmarkt stark profitieren.

Die Brasilianer übernehmen das Ruder

Schließlich überschreiten die afrikanischen Länder widerstrebend, unter dem Druck der Führer ihrer Baumwollgesellschaften, der Bauernvertretungen und zweier Nichtregierungsorganisationen, der britischen Oxfam und Enda-Dritte-Welt mit Sitz in Dakar, den Rubikon. Benin und Tschad sind die Ersten, die sich auf das Territorium der Rebellion vorwagen. Sie schließen sich als Nebenkläger der Klage an, die die Brasilianer gegen die amerikanischen Praktiken bei der WTO eingereicht haben. Die beiden Länder sind Neulinge in diesem Verfahren und verfügen nicht über die Mittel, um die Intervention bei der WTO zu finanzieren. Sie werden dort oft von Botschaftern in Brüssel vertreten, die auch Frankreich und Großbritannien in ihrem diplomatischen Gepäck haben, und können Wasser auf den Mühlen der Brasilianer sein, ihre Position stärken und durch die Vorlage von Dokumenten untermauern. Doch falls die Schiedsrichter der WTO Brasilia Recht geben würden, würden die Pflanzer Benins und des Tschad nicht unbedingt davon profitieren. Im besten Fall könnten sie sich später bei der Darlegung ihres eigenen Falls auf diese Rechtsprechung berufen. Für den brasilianischen Riesen aber bedeutet die Unterstützung dieser beiden kleinen afrikanischen Länder, aus denen beinahe das Doppelte des brasilianischen Ausfuhrvolumens auf den Markt kommt, eine massive Verstärkung.

Die brasilianischen Produzenten, oft Nachkommen deutscher oder japanischer Einwanderer, die sich ursprünglich auf die Staaten São Paulo und Paraná konzentriert hatten, machten mittlerweile die Savannen des Mato Grosso urbar. Diese Ländereien, die vor langer Zeit für ein Butterbrot von den Familien dieser neuen Pioniere erworben worden waren, dienten früher als Jagdreviere. Sie sind unberührt. Warum sollte man dort nicht Baumwolle anpflanzen? Anfangs mokieren sich die ausländischen Konkurrenten darüber. Untersuchungen werden in Auftrag gegeben. Die Brasilianer glauben an ihren guten Stern. Vor allem aber steigen die Bodenpreise in Brasilien. Der Anbau von Kaffee oder Soja ist nicht mehr rentabel. Baumwolle bringt mehr ein. Enorme Investitionen werden getätigt, die Plantagen sind gigantisch: Die Basiseinheit misst tausend Hektar.

Der bedeutendste Baumwollproduzent des Landes, Eduardo Silva Logeman, Chef einer Familienholding, die auch in der Lebensmittelbranche aktiv ist und landwirtschaftliche Maschinen herstellt, dirigiert ein Imperium von 32 000 Hektar Baumwolle, das sich über vier Bundesstaaten erstreckt. Leute wie ihn gibt es zu tausenden. Der Effekt ist, dass Brasilien, das früher Baumwolle importierte, binnen weniger Jahre zum Exportland wird: 2001 verlassen 100 000 Tonnen Baumwolle über die großen brasilianischen Häfen das Land. Das Ziel ist eine Million exportierte Tonnen.

Der Staat greift nicht ein, subventioniert nicht und reagiert sehr zurückhaltend, als diese Agroexporteure ebenfalls beginnen, sich über die amerikanische Politik zu empören. Die Regierung in Brasilia scheut wie die in Dakar oder Bamako vor einem Waffengang mit Washington zurück. Brasilianer und Amerikaner führen bereits einen erbitterten und gnadenlosen Wirtschaftskrieg um die Herrschaft über den Weltmarkt für Soja, Orangensaft und Fleisch. Die Überlegenheit in diesen Machtkämpfen ist der Schlüssel zum wirtschaftlichen Erfolg. Die Ausfuhr von Soja, Vieh oder Baumwolle sichert die wirtschaftliche und politische Entwicklung weiter Landstriche und festigt die Position des Landes auf dem internationalen Schachbrett. Es geht um sehr viel. Man muss das Schlachtfeld mit Bedacht wählen. Eine offene Auseinandersetzung auf juristischem Terrain in Genf würde bedeuten, dass die gesamte brasilianische Diplomatie mobil gemacht werden müsste. Die Juristen müssten die amerikanischen Texte bis aufs letzte Komma genau auseinander nehmen. Millionen Dollar Kosten würden anfallen, bevor das geringste Resultat zu erwarten wäre.

Also versucht Brasilia, die Afrikaner in Frontposition zu bringen, sie zu instrumentalisieren. Vorwärts, ihr tapferen

Hilfstruppen. Als die Produzenten sich 2002 in Washington am Sitz der Weltbank versammeln, setzen die Brasilianer alle Hebel in Bewegung. Sie ermutigen ihre afrikanischen Kollegen, die Angelegenheit vorzubringen. Doch damit nicht genug, die Produzenten in Brasilien geben sich nicht mit halben Sachen zufrieden. Sie beauftragen selbst internationale Juristen in Washington und in Genf, die hieb- und stichfeste Argumente gegen die amerikanische Politik zusammentragen sollen. Das kostet den Verband der brasilianischen Baumwollerzeuger zwei Millionen Dollar. Aber im September 2002 legt Brasilia offiziell Beschwerde gegen die amerikanische Regierung bei der WTO in Genf ein.

Ermutigt durch die wachsende Unterstützung für ihr Anliegen und beflügelt durch die brasilianische Initiative, graben nun auch die afrikanischen Führer endgültig das Kriegsbeil aus. Im Mai 2003 legen vier Länder, Benin, Burkina Faso, Mali und der Tschad, eine schriftliche Erklärung beim Sekretariat der WTO in Genf vor. Es handelt sich nicht um eine Klage, die eine juristische Auseinandersetzung nach sich zieht. Es handelt sich um einen Antrag, über den man sprechen wird, die so genannte Baumwollinitiative. Die vier Länder fordern die schrittweise Abschaffung der Subventionen für Baumwollanbau in Europa und den Vereinigten Staaten. Da sie sich der langen Dauer des Verfahrens bewusst sind, fordern sie vorweg einen Schadensersatz für die erlittenen Einbußen. Der burkinische Präsident Blaise Compaoré reist nach Genf, um ihrem Anliegen mehr Gewicht zu verleihen. Zum ersten Mal lehnt sich eine Gruppe afrikanischer Länder gegen die internationale Handelsordnung auf.

Doch der Aufstand erregt wenig Aufmerksamkeit. Den Europäern sind die afrikanischen Positionen im besten Fall gleichgültig, schlimmstenfalls sind sie verärgert. Die Franzosen sind sehr beunruhigt. Wenn die Subventionen für die griechischen und spanischen Produzenten infrage gestellt werden, dann besteht die Gefahr, dass das zerbrechliche Gleichgewicht der gemeinsamen Agrarpolitik aus den Fugen gerät, über die einige Monate vor der Aufnahme zehn neuer Mitgliedsstaaten gerade neu verhandelt wird. Das hindert die Afrikaner nicht daran, die Mobilisierung noch stärker voranzutreiben, eine Versammlung jagt die nächste. Kaum eine Hauptstadt zwischen Cotonou und Abidjan, Lomé und Dakar kann sich dem Ritual des Baumwollprotests entziehen.

Ouagadougou, die Hauptstadt von Burkina Faso, wird im Juni 2003 Schauplatz eines Events. Mehrere Dutzend Fachleute versammeln sich im Konferenzzentrum »Ouaga 2000« am Stadtrand, darunter selbstverständlich die afrikanischen Minister für Landwirtschaft und Handel, die Händler der Baumwollgesellschaften, die nach ihrer Ausbildung an der Universität von Memphis zurückgekehrt waren, um für die nationale Gesellschaft Baumwolle zu verkaufen, sowie die Vertreter der Produzenten mit François Traoré an der Spitze. Außerdem weitere Gewerkschaftsvertreter der Bauern. Alle maßgeblichen internationalen Organisationen sind anwesend. Vom Internationalen Beratungskomitee für Baumwolle bis zur Weltbank. Selbst die WTO hat einen Sprecher geschickt.

Es geht um sehr viel. Afrika muss über seine Strategie entscheiden. Zwei Lager liegen in offenem Streit miteinander. Die Verfechter eines juristischen Vorgehens vor den Streitschlichtungsgremien der Welthandelsorganisation werden vom ehemaligen burkinischen Außenminister Ablassé Ouedraogo angeführt. Dieser hat den immensen Vorteil, dass er bereits den Posten eines stellvertretenden Generaldirektors bei der WTO innehatte. Er ist bestens vertraut mit den Mechanismen des Verfahrens. Er hat einen Einführungsbericht für die Versammlung in Ouagadougou verfasst und vertritt die Ansicht, dass eine rein politische Diskussion innerhalb der WTO, die durch die im vergangenen Monat vorgelegte »Initiative« eröffnet wurde, jahrelang dauern und keine konkreten Ergebnisse für die afrikanischen Länder erbringen würde. Eine ordnungsgemäße Klage hingegen muss obligatorisch wenige Monate nach ihrer Einreichung geprüft werden. Höchstens »sechs Monate« später, versichert Ablassé Ouedraogo.

Der frühere Außenminister Burkina Fasos ist von seiner Idee überzeugt. Etwa vierzig Teilnehmer haben in einem der langen, schmalen Säle von »Ouaga 2000« Platz genommen. Die Versammlung wird mit einem langen Vortrag von Ablassé Ouedraogo eröffnet. Doch der autoritäre und demagogische Exminister, der keinen Widerspruch erträgt, muss die Intervention des Franzosen Gérald Estur, des Vertreters des Internationalen Beratungskomitees für Baumwolle, über sich ergehen lassen. Estur arbeitet in Washington in Tuchfühlung mit den amerikanischen Baumwolllobbys und versichert, dass ein rein juristisches Vorgehen der Afrikaner zum Scheitern verurteilt wäre und dass die Amerikaner eine »bombensichere Verteidigung« vorbereitet hätten. »Sie werden beweisen«, führt er aus, »dass sie Nettoimporteure für Baumwolle sind und dass ihre Subventionspolitik die Weltproduktion fördert.«

Doch die schlimmsten Schläge muss Ablassé Ouedraogo von Nicolas Imboden, einem Schweizer Diplomaten, einstecken. Imboden ist Geschäftsführer von IDEAS, einer von der Schweizer Entwicklungshilfe finanzierten Vereinigung, und hat den Besuch des burkinischen Präsidenten Blaise Compaoré in Genf einige Wochen zuvor eingefädelt. Hinter seinem harmlosen Jungengesicht verbirgt sich eine seltene Überzeugungskraft. Die bekommt auch Ablassé Ouedraogo zu spüren, als der Schweizer Diplomat nach einer kurzen Unterbrechung das Wort ergreift. Während man bei den anderen Teilnehmern die Ohren spitzen musste, um ihre gestammelten Beiträge zu hören, spricht er mit lauter, eindringlicher Stimme. Seine Argumente sind nicht zu widerlegen.

Imboden beweist Schritt für Schritt, dass ein juristisches Vorgehen zum Scheitern verurteilt ist. »Angesichts der Regelungen der WTO wird es Ihnen nicht gelingen, zu beweisen«, hämmert er den Zuhörern ein, »dass die amerikanischen und europäischen Subventionen illegal sind.« Afrika muss die Auseinandersetzung auf politischer Ebene führen, behauptet Nicolas Imboden. »Es muss beweisen, dass diese Politik der Industrieländer die Entwicklungshilfe, die sie andernorts in Afrika leisten, zunichte macht.«

Nach Imbodens Ansicht kommt es darauf an, die Kräfte nicht zu zersplittern und vor allem keine Zeit vor der Konferenz von Cancún zu vergeuden, einem mexikanischen Badeort, in dem die entscheidende Konferenz der WTO stattfinden soll. »Wir haben jetzt Juni«, sagt Imboden zu den Afrikanern, die ihm zuhören. »Die Konferenz von Cancún findet im September statt. Das macht nicht einmal drei Monate, um die öffentliche Meinung und die westlichen Führer zu mobilisieren. Unsere Chancen sind minimal, aber sie waren nie zuvor so groß. Wir dürfen sie nicht vertun.«

Als er wieder Platz nimmt, ist die Stimmung im Saal umgeschlagen. Die Messe ist gelesen. Ablassé, wie alle ihn nennen, hat das Spiel verloren. Das ist unübersehbar. Aber der Mann erträgt keine Niederlagen. Er lässt sich zu Wutausbrüchen hinreißen, die ihn schon seinen Posten als Außenminister gekostet haben. »Wir brauchen euch Weiße nicht«, ruft er Nicolas Imboden zu. »Er hat mich als Kolonialist bezeichnet!«, empört sich Imboden, der sich seinen Sieg nicht mehr streitig machen lässt. Zwar wird während der Redaktion des Abschlusskommuniqués – zur Gesichtswahrung – noch einmal über die Idee einer afrikanischen Klage vor dem Streitschlichtungsausschuss der WTO diskutiert, doch sie wird auf den Sankt-Nimmerleins-Tag verschoben.

Cancún, ein bitterer Sieg

Nicolas Imboden, der Schweizer Diplomat, der ins Lager der Nichtregierungsorganisationen gewechselt war, erkannte die Lage richtig. Die afrikanischen Baumwollproduzenten erringen einen triumphalen Sieg in Cancún. Weil sie die Unterstützung von NGO-Vertretern vor Ort finden und von einer außergewöhnlich breiten Berichterstattung profitieren, gelingt es den afrikanischen Ministern, ihr Anliegen durchzubringen. Sie setzen sich über die Gepflogenheiten hinweg, die bei internationalen Verhandlungen dieser Art herrschen, und verwandeln die Konferenz von Cancún in ein Baumwollhappening. Der burkinische Handelsminister übergibt eine Petition, die von tausenden von Bauern in seinem Land unterzeichnet wurde. Während der Pressekonferenzen der afrikanischen Minister sind die Säle sind zu klein, um allen Fernsehkameras Einlass zu gewähren. Das Afrika der Baumwolle ist ein Publikumshit.

Niemand auf der Seite der entwickelten Länder hat den Angriff kommen sehen. Für alle ist es ein Überraschungscoup. Man ist gezwungen zu improvisieren. Die Franzosen sind gespalten. Die Nachbesprechungen in Paris verlaufen stürmisch. Im Landwirtschaftsministerium hat man schon genug damit zu tun, die französischen Bauern in Brüssel zu verteidigen. Jedes Infragestellen der Subventionen gilt als Angriff gegen die gemeinsame Agrarpolitik. Die Reaktion ist daher höchst erbost, als die Kollegen vom Außenministerium ein wenig Sympathie für diese afrikanischen Forderungen bekunden. Die hohen Funktionäre des Agrarministeriums empören sich über die »Pfadfinder« der französischen Entwicklungshilfe. Die Stimmung im Oktober 2003 in Paris ist aufgeheizt. Im Grundsatz aber ist man in der französischen Regierung einer Meinung: Die afrikanischen Forderungen sind unerfüllbar. Man muss die verirrten Schafe sanft wieder in den Stall zurückführen, den sie nie hätten verlassen dürfen.

Franzosen und Deutsche ziehen an einem Strang. Im Oktober 2003 verkündet Präsident Chirac in Bamako in Mali eine jener Weisheiten, mit denen er seine Zuhörer gerne beglückt. »Wir wissen«, ruft er aus, »dass die afrikanischen Baumwollproduzenten keinen gerechten Lohn für ihre Arbeit erhalten. Die vor allem von den Baumwolle produzierenden Industrieländern eingeführten Marktmechanismen destabilisieren die Kurse«, erklärt er entrüstet. »Die Produzenten des Sahel sind die Ersten, die darunter leiden ... Ich habe meine europäischen Partner davon überzeugt, hier Abhilfe zu schaffen, und wir hofften, dass die Konferenz von Cancún in diesem Punkt Fortschritte erzielen würde. Das war nicht der Fall, aber wir dürfen die Hände nicht in den Schoß legen. Mehr als je zuvor ist nun beherztes Handeln nötig«, schloss der französische Staatschef. Die Europäer stehen mit dem Rücken an der Wand. In Cancún ist der Teufel aus der Schachtel gesprungen. Sie sind gezwungen, sich mit den afrikanischen Forderungen auseinander zu setzen.

Als Erstes reformieren die Europäer den Modus der Subventionsverteilung an die griechischen und spanischen Baumwollerzeuger. Nach mehreren Monaten intensiver Arbeit in Paris und Brüssel wird eine euro-afrikanische Baumwollpartnerschaft aus der Taufe gehoben. Diese Initiative wird Anfang Juli 2004 bei einer Zusammenkunft in Paris vorgestellt. Der europäische Kommissar Pascal Lamy und die französischen und belgischen Entwicklungshilfeminister betonen den europäischen Willen, den afrikanischen Baumwollbauern Aufbauhilfe zu gewähren. Die Afrikaner müssen ihr Produktionssystem entwickeln und modernisieren. Die Europäer wollen sie zudem bei der Entwicklung einer gemeinsamen regionalen Strategie unterstützen, um ihre Position auf dem Weltmarkt zu stärken.

Doch Afrika ist in der Zwischenzeit zurückgefallen. In dem Irrglauben, ihr einziges Problem seien die Subventionen, haben die afrikanischen Regierungen keine Strukturpläne ausgearbeitet, anhand derer die europäischen Hilfsprogramme umgesetzt werden könnten. Vor allem ist ihr Hauptargument nicht mehr stichhaltig. 2001 noch lagen Afrikas Produktionskosten weit unterhalb derer der Konkurrenten. Das war der Ausgangspunkt des Protests gewesen. »Wir produzieren kostengünstig, weil wir arm sind. Und man hindert uns daran, von diesem Trumpf zu profitieren.« Durchaus, aber inzwischen sind die Afrikaner nicht mehr wettbewerbsfähig. Zwar sind die Ernten zwischen 1994 und 2004 stetig gestiegen. Alle Bauernführer der Region lachen sich deshalb ins Fäustchen. Sie vergessen dabei jedoch, dass die Qualität gesunken ist. Weil die afrikanischen Führer sich im politischen Kampf engagiert haben, weil sie die Verwaltung ihrer Baumwollgesellschaften vernachlässigt und die Qualität ihres Saatguts und damit ihrer Baumwolle immer weniger kontrolliert haben, weil sie neue Siedler ohne

Ausbildung als Pflanzer haben gewähren lassen, aus all diesen Gründen haben die afrikanischen Verantwortlichen nicht gesehen, welche Fortschritte andernorts gemacht wurden.

Trotz der lächerlich geringen Löhne für die afrikanischen Familienangehörigen sind die Produktionskosten in der Region nun höher als die Brasiliens. Bei 50 Cent für das Pfund Baumwolle auf dem Weltmarkt flehen die Afrikaner um Gnade, und die Brasilianer fahren Gewinne ein. Afrikanische Baumwolle ist von nun an um zwanzig Prozent teurer als das brasilianische Konkurrenzprodukt. Und wieder verschlimmert sich ihre Situation noch durch die aktuellen Wechselkurse. Ende 2004, als die Ernte 2004/2005 auf den Markt gebracht werden muss, stürzt der Dollar um dreißig Prozent bezogen auf den Euro und damit den CFA-Franc ab. Der Gesamtverlust des Baumwollsektors in Westafrika wird auf 300 Millionen Euro geschätzt. Weder die Bauern noch die Baumwollgesellschaften noch die Erzeugerländer können einem solchen Defizit standhalten. »Wir krepieren«, stellt Ibrahim Malloum fest, der sich der unhaltbaren Situation der Branche bewusst ist.

Epilog

Die Situation der afrikanischen Baumwollproduzenten ist umso unhaltbarer, als die Hoffnungen, die der Gipfel von Cancún geweckt hat, in Windeseile verfliegen. Weniger als ein Jahr später, im Juli 2004, versammelt sich die WTO in Genf. Die Handelsminister suchen nach einem Kompromiss, der eine Fortsetzung der internationalen Verhandlungen über den Welthandel ermöglicht. Die NGOs sind nicht anwesend. Die

Medien sind weniger präsent. Am 31. Juli ist die Frage geklärt. Das Problem der amerikanischen und europäischen Subventionen für Baumwollproduzenten wird nicht getrennt verhandelt werden, wie Afrika forderte. Es wird ein Thema unter tausend anderen sein. Die Verhandlungen darüber werden sich jahrelang hinziehen. Am Ende wird man ein bisschen weniger Subventionen hier gegen ein bisschen weniger von diesem und jenem tauschen. Die Afrikaner werden noch lange Zeit mit den Subventionen leben müssen.

Währenddessen lassen die Brasilianer die Champagnerkorken knallen. Die Brasilianer haben die Verurteilung der amerikanischen Subventionen erreicht. Washington hat Berufung eingelegt und wird früher oder später zu Entschädigungsleistungen gezwungen sein. Die Brasilianer wissen, dass die Wiederwahl von George W. Bush ihren Kampf nicht leichter macht und dass sie noch ein paar Jahre warten müssen, bis der Kongress in Washington einen Kurswechsel in der amerikanischen Baumwollpolitik vollziehen wird. In der Zwischenzeit wird die Produktion auf den Ebenen des Mato Grosso ständig weiter anwachsen. Die brasilianischen Produzenten mit ihren tausenden von Hektar Baumwolle, Soja, Mais und Kaffee können warten. Die afrikanischen Bauern mit ihren paar Hektar können es nicht. Sie sind in politischer wie wirtschaftlicher Hinsicht gescheitert und zum Untergang verurteilt.

4.
REIS

»Reis ist nicht zum Essen, sondern zum Verkaufen da.« Das bekam ein junger Pariser Trader eines Tages im Jahr 1980 beim täglichen Telefonat mit seinem in New York sitzenden Chef zu hören. Der junge Mann hatte seinem mächtigen Gesprächspartner soeben mitgeteilt, dass ein Frachter mit einer Ladung Reis, den er in dessen Auftrag gekauft und verkauft hatte, planmäßig an der afrikanischen Küste einlaufen würde. Allerdings hatte die Ladung in den ungenügend gekühlten Laderäumen, in denen die Temperatur bis auf siebzig Grad steigen kann, wenn sie von der Mannschaft nicht ordentlich kontrolliert wird, zu viel Hitze abbekommen. Offenbar waren ein paar schadhafte Säcke beim Verladen nicht bemerkt worden. Sie hatten die gesamte Lieferung verdorben. Der Reis war von Würmern befallen. »Fleisch« und Getreide hielten sich die Waage. Banges Zittern, die Antwort ließ auf sich warten. Das Schweigen schien Stunden anzudauern, dann spuckte der Big Boss diese Worte aus: »Reis ist nicht zum Essen, sondern zum Verkaufen da.« In Paris machte sich vorsichtige Erleichterung breit: keine Kritik, keine Vorhaltungen. Nur dieser lakonische Kommentar. Was wollte er damit wohl sagen?

Was wollte er damit wohl anderes sagen, als dass es im Geschäftsleben immer eine Lösung gibt. Dass es nicht darauf ankommt, die Ware in gutem Zustand zu liefern, sondern sein

Geld einzutreiben. Danach konnte sich jeder selbst mit seinem Ärger herumschlagen. Aufgabe der Trader war es, den Reis zu liefern. Aufgabe der Käufer, Transporteure und Versicherer war es, mit einer Ware in schlechtem Zustand zurechtzukommen. Der Trader darf kein Mitleid mit den Lieferanten und den Kunden haben. Heißt es nicht üblicherweise, dass die Einzigen, die in der Reisbranche Geld verdienen, diejenigen sind, die die Schiffe chartern und versichern, gefolgt von denen, die den Ersteren Geld leihen: den Bankern?

Kassim Taddjedine hätte das einige Jahre später in abgewandelter Form so formulieren können: »Reis ist nicht zum Verkaufen da, sondern zum Geldwaschen.« Im Juni 2003 schließen sich die Tore des Gefängnisses von Anvers hinter diesem Geschäftsmann libanesischer Herkunft. Innerhalb weniger Jahre gelang dem Libanesen, der in einer kleinen Marktbude in Luanda, der Hauptstadt Angolas, anfing, auf rätselhafte Weise ein weithin bestaunter, kometenhafter Aufstieg auf dem afrikanischen Reismarkt. Seit 2002 nimmt er eine Spitzenposition unter den zehn wichtigsten Reislieferanten südlich der Sahara ein, seine Lieferungen belaufen sich beinahe auf dreihunderttausend Tonnen. Einer der wichtigsten Stützpunkte Taddjedines befindet sich in Kinshasa in der Demokratischen Republik Kongo.

Im Mai 2003 wird der Sitz der örtlichen Zweigniederlassung Congo Futur auf Befehl Interpols durchsucht und das Lager für einige Tage geschlossen. Das Gleiche passiert in Maputo in Mosambik, wo Taddjedine ebenfalls eine Niederlassung hat. Abgesehen von Mosambik, Kongo und Angola ist der mysteriöse libanesische Händler auch sehr aktiv in Ländern, die von den traditionellen internationalen Handelsunternehmen links liegen gelassen werden, nämlich Sierra Leone und

Liberia, in denen bis vor kurzer Zeit noch Bürgerkrieg herrschte und der Rechtsstaat auf höchst wackeligen Beinen steht. Oft importiert Taddjedine in diese Länder, in denen Bargeld Mangelware ist, Reis und exportiert Diamanten. Steine, die die Vereinten Nationen mit einem internationalen Embargo belegt haben, weil mit ihnen die Kriegskasse der jeweiligen Bürgerkriegsparteien gefüllt wurde. Noch merkwürdiger ist, dass Taddjedine seine Reislieferungen mit Verlust verkauft, billiger, als er sie eingekauft hat. Ein klassischer Fall von Geldwäsche. Wichtig ist nur, dass die Ware verkauft wird, egal zu welchem Preis, damit man Gelder einnehmen kann, die von nun an offiziell eine »saubere« Quelle haben.

Das alles stinkt so sehr zum Himmel, dass die wichtigsten internationalen Reeder, die auf Reistransport spezialisiert sind, sich weigern, mit Taddjedine und seiner Holding in Anvers, der Soafrimex, zusammenzuarbeiten. Natürlich hat man in der kleinen Welt des Reishandels monatelang schweigend Taddjedines Aufschwung beobachtet. Schweigend machten diese Geschäftsleute sich Sorgen über seine Umtriebe. Sie sprechen nur in Andeutungen über ihn. Das Thema erscheint ihnen außerordentlich heikel, hochbrisant geradezu. »Es ist sehr gefährlich, darüber zu sprechen«, heißt es. Ein ehemaliger Mitarbeiter Taddjedines in Belgien bricht in Panik jedes Telefongespräch ab, sobald der Name seines Exchefs fällt.

Interpol beschränkt seine Aktivitäten im Übrigen nicht auf die afrikanischen Unternehmen Taddjedines. Die Soafrimex, der Sitz der Holding in Anvers, wird durchsucht. Die Ehefrau von Kassim Taddjedine und ein Buchhalter werden verhaftet. Die Telefone in den verlassenen Geschäftsräumen der Firma klingeln umsonst. Eine Woche später stellt sich Taddjedine der Polizei. Die Anklagepunkte gegen ihn sind schwerwiegend:

Urkundenfälschung, Steuerhinterziehung, Hehlerei, Geldwäsche, Bildung einer kriminellen Vereinigung. Seine Bankkonten werden eingefroren. Trotz dieser Anklagen wird er wenige Monate später freigelassen und nimmt vom Libanon aus seine Geschäfte wieder auf. In den Augen aller Insider des Reishandels gibt es nur eine Erklärung dafür, weshalb die Ermittlungen von Interpol so lange dauerten, zwei Jahre insgesamt: Taddjedine betrieb die Geldwäsche und den Handel mit Diamanten aus Liberia und Sierra Leone nicht auf eigene Rechnung, sondern für das Terrornetzwerk der Al Qaida. Eine schwerwiegende Anschuldigung. Aber das ist nicht der einzige Fall, bei dem der Reismarkt in Afrika in Verbindung mit der Organisation von Bin Laden gebracht wird.

Madagaskar wäscht auch Geld ...

Zwei Jahre zuvor war in Madagaskar ein anderer Skandal aufgeflogen. Ein paar Wochen vor den Attentaten vom 11. September 2001 behauptete eine indische Presseagentur, dass Bin Ladens Terrornetzwerk den Reishandel in Madagaskar zu Geldwäschezwecken benutzte. Ohne die Informationen aus Indien zu bestätigen, verlieh der madagassische Minister für öffentliche Sicherheit in der *Revue de l'Océan Indien*, der örtlichen Tageszeitung, seiner Verwunderung über die innerhalb kurzer Zeit explosionsartig gestiegenen Reisverkäufe des Landes Ausdruck. Seine Verwunderung war umso größer, als viele dieser Verkäufe, wie allgemein bekannt war, Verlustgeschäfte waren, da manche Importeure den Reis unter ihrem Einkaufspreis verkauften. Erschwerend kam hinzu, dass die Geschäftsleute, die für diesen madagassischen Importboom verantwortlich waren, in ihrer Mehrheit zuvor noch nie ein Reiskorn gekauft hatten. Viele von ihnen stammten aus Pakistan oder hatten enge Verbindungen zu diesem Land, was die These einer Verwicklung Bin Ladens in diese Geschäfte weiter erhärtete. Man weiß ja, wie tief das Netzwerk der Al Qaida in diesem großen muslimischen Land verankert ist.

Diese Enthüllungen des Senders *RFI* kaum zwei Wochen vor den Attentaten gegen die Türme des World Trade Center und das Pentagon lösten in der madagassischen Hauptstadt Hektik und Bestürzung aus. Die örtliche Presse brachte sie auf der Titelseite. Der damals noch amtierende Präsident Didier Ratsiraka verschob eine seit langem angesetzte Pressekonferenz um vierundzwanzig Stunden. Am nächsten Tag erklärte er zu seiner Verteidigung: »Ja, wir hegten in der Tat den Verdacht einer Verbindung zwischen dem Reishandel in Madagaskar und dem internationalen Terrorismus. Es fanden sogar Vernehmungen statt, in enger Zusammenarbeit mit dem amerikanischen Geheimdienst CIA. Doch die befragten Personen wurden von jedem Verdacht reingewaschen.« Anders gesagt, der madagassische Präsident stritt jede Einmischung Bin Ladens und seiner Gefolgsleute auf dem Territorium der Insel ab. Nebenbei fegte er auch alle Beschuldigungen vom Tisch, im Reishandel seines Landes sei es zu Unterschlagungen gekommen.

Dabei war allgemein bekannt, dass mehrere Firmen mit Sitz in Antananarivo, die dank ihrer Kontakte zum pakistanischen Exporteur Hassan Ali im Durchschnitt hundertzwanzig- bis hundertfünfzigtausend Tonnen Reis lieferten, mit ziemlich unfeinen Methoden in den madagassischen Markt drängten und den Zoll hintergingen. Ihr Preis pro Tonne lag um fünf bis sechs Dollar unter dem der Konkurrenz, obwohl die meisten

Frachtlieferungen für Madagaskar aus denselben Quellen stammten; ihre Säcke wogen achtundvierzig Kilo anstelle der üblichen fünfzig, was die Senkung der Verkaufspreise im Einzelhandel erleichterte; sie lieferten einen Reis von schlechterer Qualität, als auf den offiziellen Unterlagen attestiert wurde.

Ähnliche Skandale brachen überall dort in Afrika auf, wo der Reishandel sich außerhalb der traditionellen Handelsstrukturen, der großen multinationalen Unternehmen und der Handelsgesellschaften, deren Vorläufer schon zu Beginn des 17. Jahrhunderts die internationalen Handelsströme lenkten, abspielt. Indische oder pakistanische Geschäftsleute platzieren Verwandte in den afrikanischen Häfen. Die Exporteure verkaufen direkt an die Großhändler und manchmal sogar an die afrikanischen Einzelhändler. Was könnte besser sein als ein Sohn oder ein Neffe, der das volle Vertrauen des Händlers genießt, um die Löschung eines Frachters mit Reis zu überwachen, um die Myriaden von Hafenarbeitern zu kontrollieren, die die Säcke entladen, um sicherzustellen, dass die gesamte Ware in den Speichern landet und dass sie von den Käufern bezahlt wird? Die Ausbreitung einer internationalen kapitalistischen Familienökonomie macht die hermetisch abgeschlossene und undurchsichtige Welt des Reishandels noch undurchschaubarer.

Die Affäre Soafrimex ist exemplarisch für die Auswüchse, deren Opfer dieser Markt ist. Allerdings operieren die asiatischen Familien zu Beginn dieses Jahrtausends im Wesentlichen an der Ostküste des afrikanischen Kontinents. Die Entfernung zwischen Indien oder Pakistan und dem großen kenianischen Hafen Mombasa ist klein. Die Kosten sind gering. Die westafrikanische Küste hingegen steht noch unter dem Diktat der großen Raubtiere, der internationalen Handelsgesellschaften. Einige davon, sie werden immer seltener, haben ihren Sitz in

Paris. Eine andere in Hongkong. Eine neue ist amerikanisch. Ihre Hauptstadt ist Genf.

Angezogen von relativ niedrigen Steuersätzen und der Möglichkeit, in aller Ruhe Geld zu machen, haben die meisten der Handelsgesellschaften, die auf dem internationalen Markt das Sagen haben – es sind nicht mehr als ein Dutzend –, am Ufer des Genfer Sees ihr Domizil errichtet. Sie beschäftigen maximal zwanzig Mitarbeiter. Die meisten von ihnen, ob in leitender Funktion oder einfache Trader, sind um die vierzig. Es sind Franzosen, Engländer oder Pakistani, die in der Sprache Molières ebenso zu Hause sind wie in der Shakespeares und oft einen so unauffälligen Akzent haben, dass nur ihr Nachname ihren Geburtsort verrät. Es sind mit allen Wassern gewaschene alte Hasen, die sich schon zwanzig Jahre lang in den turbulenten Gewässern des internationalen Handels tummeln, jeden Trick und jedes Mittel kennen, um einen Markt zu erobern oder den Einkaufspreis der Lieferanten zu drücken. Sie sind zwar bereit, in ein Flugzeug zu springen, um ein Geschäft unter Dach und Fach zu bringen, ansonsten jedoch erheblich sesshafter als ihre Vorgänger, denn Telefon und Internet ersparen viele Reisen. Sie haben ein stattliches Einkommen, doch die Zeit der *golden boys*, die mit einer Zigarre im Mund und einer hübschen Blondine im Arm Ferrari fahren, ist seit langem vorbei. Von nun an ist »Trader« mehr als je zuvor ein Synonym für »Diskretion«. Nie erzählen sie frei von der Leber weg von ihren Auseinandersetzungen mit einem Käufer oder von ihrem ersten Kontrakt auf dem Reisweltmarkt.

Einer von ihnen erinnert sich an das Ende der Siebzigerjahre zurück. Der Zufall wollte es, dass der Franzose mit kaum mehr als zwanzig Jahren, ohne ein Diplom in der Tasche, einem südafrikanischen Händler begegnet. Er lernt jede Facette des Metiers kennen, von der Wahl der Ware über die Festlegung des Preises bis zum Transport. Allmählich wirft der Job Geld ab. Er wird von einem multinationalen Getreidehandelsunternehmen angeworben und schließlich mit der Erstellung eines Kontrakts betraut. Er ist jung und schlaksig, schnell und risikofreudig. Mit dreiundzwanzig Jahren, in einem Alter, in dem manch einer gerade erst die Handelsschule verlassen hat, ist er bereits voll im Einsatz.

Die Ladung Reis, die er gekauft und wieder verkauft hat, soll im Hafen von Cotonou eintreffen. Drei Tage und drei Nächte lang wartet dieser Rastignac des Reismarkts unbeweglich und angstvoll, die Nase im Wind und den Blick auf den Horizont geheftet, dass der Bug des Frachters über den Wellen auftaucht. Es geht um viel. Ein Frachter mit 10 000 Tonnen Reis ist die Kleinigkeit von zwanzig Millionen Dollar wert. Sobald der Frachter am Kai festgemacht hat, stürzt der junge Mann daher an Bord, inspiziert die Ladung, überprüft ihren Zustand und schärft den Hafenarbeitern, die die Ladung löschen, ein, dass kein Sack durchlöchert werden darf. Im Gewimmel dieses afrikanischen Hafens heißt es Diebstähle und kleine Entwendungen verhindern. Zwanzig Jahre später muss er bei dieser Erinnerung lächeln. Das alles ist Routine geworden. Im Normalfall käme dieser inzwischen routinierte Trader nicht mehr auf die Idee, die Entladung eines Frachters persönlich zu überwachen. Auch wenn allen Tradern, die am Ufer des Genfer Sees vor ihren Computerbildschirmen sitzen, klar ist, wie wichtig das Schiff ist, mit dem alles steht und fällt.

Aus diesem Grund sind im Frühling 2002 die Augen aller Eingeweihten auf den Indischen Ozean gerichtet. Mitten auf hoher See, auf halbem Weg zwischen dem im November 2001 verlassenen China und seinem Bestimmungsort, der afrikanischen Küste, fängt ein mit 22000 Tonnen Reis beladener Frachter Feuer. Der Brand ist im Maschinenraum ausgebrochen und hat sich auf das gesamte Schiff ausgebreitet. Das Achterdeck ist vollkommen zerstört. Die Ladekräne sind funktionsunfähig. Nach dem Notruf wird die Besatzung evakuiert, und das Schiff treibt vier Tage lang mitten im Indischen Ozean, von Zeit zu Zeit überflogen von den nicht weit entfernten Flugzeugen der amerikanischen Marinebasis Diego Garcia.

Als das Feuer gelöscht ist, wird die *Lissom* 2000 Seemeilen lang bis zum nächstgelegenen Hafen Maputo in Mosambik ins Schlepptau genommen, wo die Ankunft dieser unvorhergesehenen Ladung hektische Abwehrmanöver auslöst. Die örtlichen Importeure wollen nichts von einer Löschung dieser 22 000 Tonnen an Ort und Stelle hören. Und noch weniger von einem Verkauf in Mosambik. Denn diese plötzliche Warenschwemme würde die Preise auf dem internationalen Markt unweigerlich in den Keller rutschen lassen.

Trotz der Versorgungsprobleme des Landes gibt die Regierung nach und verbietet den Verkauf auf dem einheimischen Markt. Daraufhin wird der Reis auf ein anderes Schiff verladen. Es dauert beinahe einen Monat, bis die Säcke in Handarbeit, 750 Tonnen pro Tag, an Bord geschafft sind. Nicht alle allerdings, denn der Frachter wird zum Teil von einer ausgehungerten Menge geplündert, die sich nicht viel um die Qualität der Ware schert. Denn entgegen den Beteuerungen des Eigentümers der Ladung, der Rustal Trading Society in Genf, hat der Reis sehr wohl Schaden genommen. Durch seine wochenlange Lagerung im Schiffsbauch riecht er verbrannt und ist kaum zum menschlichen Verzehr geeignet.

Trotzdem werden nun also diese tausende Tonnen von Reis, diese zigtausende von Säcken an Bord eines anderen Frachters gehievt, der Kurs auf Südafrika nimmt. In Durban wird die Ware erneut umgeladen. Dieses Mal wird der Rest der Fracht auf zwei Schiffe verteilt, die an der Küste Westafrikas entlangfahren und ihre Ware zwischen Cotonou und Abidjan den ansässigen Importeuren anbieten sollen. Die Konkurrenten von Rustal Trading in Genf versuchen, so gut es eben geht, Löschung für Löschung und Schraubenumdrehung für Schraubenumdrehung, die Irrwege dieser Ware zu verfolgen. Wohin sie auch kommt, sie kann nur mit Nachlässen an den Mann gebracht werden.

Die Genfer Händler kalkulieren genauso wie die mosambikanischen Importeure: Wo auch immer diese billigen Reissäcke an Land kommen, sie werden unweigerlich einen Preissturz auslösen. Daher kommt es vor allem darauf an, ihnen auf der Spur zu bleiben, die Käufer zu warnen und den Verkauf dieser tausende von Tonnen Reis, die ursprünglich in einem chinesischen Hafen an Bord der *Lissom* verladen wurden, so gründlich wie möglich zu behindern.

Am wenigsten Sorgen machen sich paradoxerweise die Chefs von Rustal Trading. Das finanzielle Risiko deckt die Versicherung. Und die *Lissom* ist nur eines von vierzig bis fünfzig Frachtschiffen, die die Genfer Firma jedes Jahr Richtung Afrika schickt. Ein Verlust des Frachters entspräche folglich nur einem Verlust von zwei Prozent des jährlichen Warenvolumens. Die Auswirkungen auf den Umsatz würden sich in Grenzen halten. Das gehört zum Geschäftsrisiko.

Die meisten für den Reistransport gecharterten Schiffe sind im Übrigen mehr oder minder schrottreif. Es sind klapprige alte Kähne, verrostet und mehr als zwanzig Jahre alt, deren Farbe längst abblättert. Die Kapitäne haben nur noch eine sehr vage Erinnerung an den letzten Aufenthalt im Trockendock ihres Schiffs. Denn der Reistransport lohnt sich nicht. Zuerst muss man in Bangkok, Hanoi oder vor Rangun die Ware laden. Mit etwas Glück liegen die Reissäcke schon am Kai, und die Kulis warten in einer Schlange auf Arbeit. Oft aber verzögert sich das Laden, und das bedeutet zusätzliche Kosten. Und das Laden der Säcke dauert lange.

Noch länger dauern die Überquerung des Indischen Ozeans bis zur afrikanischen Küste, die Umschiffung des Kaps der Guten Hoffnung und das Hinauffahren an der Westküste von einem Hafen zum anderen, wo sich ein gutes Viertel des weltweiten Reishandels abspielt. Schlimmer noch, der endgültige Bestimmungsort stellt sich oft erst im Lauf der Fahrt heraus, je nach den Kauforders der Zwischenhändler, die den Frachter gechartert haben.

Im April 2003 blockiert der nigerianische Zoll einen Monat lang jede Reiseinfuhr. Einen Monat lang müssen etwa zwanzig Frachter, ihre Mannschaften und ihre Ladung vor der Küste liegen. Einen Monat länger müssen die Importeure Chartergebühren bezahlen. 240 000 Dollar Zusatzkosten pro Schiff. Die nigerianischen Zollbehörden sind einem Betrug im großen Stil auf die Spur gekommen. Die Importeure gaben systematisch einen zu niedrigen Wert für ihren Reis in den Einfuhrpapieren an, um die Zollabgaben zu drücken. Nach vier Wochen Verhandlungen bleibt den Importeuren schließlich nichts anderes übrig, als drastische Strafzahlungen zu akzeptieren, einer von ihnen zehn Millionen Dollar, damit sie ihre halbe Million Tonnen Reis endlich löschen können.

Chabert erfindet den »schwimmenden Reis«

Diese Ungewissheit, wann die Reislieferungen in den afrikanischen Häfen gelöscht werden können, und das Abklappern der Küste, wozu die Schiffskapitäne gezwungen sind, erklären sich aus der sehr speziellen Natur des internationalen Reishandels, insbesondere mit Ziel Afrika. Der Großteil der Ware ist nämlich zum Zeitpunkt ihrer Ladung noch nicht verkauft. Der Genfer Händler hat die Ware noch nicht verkauft, wenn die vietnamesischen Kulis sie an Bord schaffen. Das nennt man »schwimmenden Reis«. Eine Erfindung, die aus den Siebzigerjahren stammt und auf einen Mann zurückgeht, den die Profis des Reisgeschäfts übereinstimmend für eine lebende Legende halten: Boris Chabert. Wer einen solchen Zusatznamen führt, der einem Roman Balzacs entliehen ist, braucht Lebensart und Beredsamkeit, Autorität und Gerissenheit. Sonst läuft er Gefahr, sich lächerlich zu machen. Diese Gefahr besteht bei Chabert nicht. Der Mann besitzt Macht, Kultur und Intelligenz im Überfluss. Er verbirgt das alles hinter seiner permanenten Übellaunigkeit. Seine Rücksichtslosigkeit in geschäftlichen Dingen, seine wohl berechnete Grobheit und seine gewalttätige Sprache haben allen die Schamesröte ins Gesicht getrieben, die im Lauf mehrerer Jahrzehnte mit ihm zu tun hatten.

Chabert wurde kurz vor dem Zweiten Weltkrieg geboren und zog sich offiziell im Jahr 2000 aus dem großen Spiel des

Welthandels zurück. Dennoch arbeitet er im Juli 2004 von seinem kleinen Büro in einem Nobelviertel von Paris aus weiter. Am Telefon versucht er, das Geld für eine Ladung von tausend Tonnen Reis einzutreiben, die vor ein paar Tagen in Algier eingetroffen ist. In ein Dokument hat sich ein Schreibfehler eingeschlichen. Die Banken weigern sich, den Wechsel zu zeichnen. Und tausend Tonnen Reis sind keine Kleinigkeit, immerhin 220 000 Dollar stehen auf dem Spiel. Freilich eine geringe Summe im Vergleich zu den Millionen Tonnen, die Chabert in seinen Glanzzeiten gewöhnlich hin und her bewegte.

Wie schwierig es ist loszulassen, wenn man sein Leben damit zugebracht hat, von einem Flugzeug ins nächste zu springen, von einem Kontinent zum nächsten, von einem Regierungssitz zum nächsten zu jagen und dabei einen Vertrag nach dem anderen zu unterzeichnen und Millionen von Dollars zu investieren. Er, der bis vor kurzem noch auf einer Goldgrube saß, ist heute auf der Suche nach einem verlorenen Paradies. Das eben macht seinen Charme aus. Unter der Barschheit seiner Persönlichkeit, unter dem Zynismus und der wehmütigen Erinnerung des reifen Mannes an den attraktiven Heißsporn, der er einmal war, treten eine Schwäche und eine Zerbrechlichkeit zutage, die seine Kollegen nachsichtig machen. »Er ist ein genialer Irrer«, sagt einer von ihnen. Ein genialer Irrer, der den internationalen Reishandel in seiner heutigen Form erfunden hat. Genau das nimmt er auch für sich in Anspruch: »Den schwimmenden Reis habe ich erfunden.«

Nichts hat ihn dazu prädestiniert. Er stammte aus einem bescheidenen Elternhaus, und nachdem er ein Jurastudium abgeschlossen und zusammen mit Michel Rocard und Jacques Chirac die Hochschule Sciences Politiques absolviert hatte, schien sein weiterer Weg vollkommen vorgezeichnet: die École nationale d'administration. Tatsächlich besteht er die Aufnahmeprüfung, jedoch nur, um der Hochschule, aus der ein guter Teil der französischen Elite hervorgeht, schwungvoll den Rücken zu kehren. Eine Beamtenlaufbahn kommt für ihn nicht infrage. Ebenso wenig eine Karriere als »Wirtschaftswissenschaftler«. Oder gar als Anwalt. Er tritt eine Stelle bei IBM an und beginnt alsbald, sich zu langweilen. Vor allem die Bezahlung stellt ihn kaum zufrieden.

Ein Freund verschafft Chabert eine Stelle bei Continental Grain, einem im Getreidehandel tätigen multinationalen Unternehmen, das Ende des 19. Jahrhunderts gegründet wurde. Plötzlich findet sich Chabert in Winnipeg in Kanada wieder, wo er für den Einkauf von Weizen verantwortlich ist. Die Jahre gehen vorüber, die Unternehmen auch. Die meiste Zeit ist er im Getreidehandel tätig. Überall gilt Reis als minderwertige Ware. »Man pickte sich die jungen Grünschnäbel oder die angerosteten Alten heraus und sagte zu ihnen: ›Kümmere dich um den Reis.‹ Niemand interessierte sich wirklich dafür.«

Der internationale Handel mit Reis ist nämlich noch ganz neu. Zwischen den beiden Weltkriegen werden nur fünf Millionen Tonnen gehandelt. Im Wesentlichen unter asiatischen Ländern. Zwanzig Prozent gehen nach Europa. Dieser Handel liegt in den Händen der großen Kolonialgesellschaften, die während des Zweiten Weltkriegs auseinander brechen. Die Vereinigten Staaten müssen mit ansehen, wie ihre ausländischen Kunden verschwinden. Um die Produktion zu stützen, subventioniert die Bundesregierung die Reisfelder. Zwischen 1940 und 1945 verdoppelt sich die Reisernte in den Vereinigten Staaten. 1946 werden die Geschäfte zaghaft wieder aufgenommen. Nur zwei Millionen Tonnen Reis werden in internationalen Kontrakten gehandelt. Und es dauert ewig, bis die

Maschinerie wieder in Gang kommt. Erst in den Siebzigerjahren wird schließlich wieder das Vorkriegsniveau erreicht: fünf Millionen Tonnen. Während dieser langen Periode der Lethargie auf dem internationalen Reismarkt befriedigen zwei Länder, Thailand und Birma, den größten Teil der Nachfrage. Korea und die Länder Indochinas sind aufgrund der Konflikte, von denen sie zerrissen werden, ausgeschaltet.

In den Siebzigerjahren kommt es mit dem Eintritt des afrikanischen Kontinents auf dem Reismarkt zu einem Wendepunkt. Der Reis wurde von den französischen Kolonialherren in Westafrika eingeführt. Man baut ihn dort an. Man importiert ihn. Zwischen Indochina und dem französischen Westafrika hat sich ein kleiner Binnenmarkt von Kolonie zu Kolonie etabliert. Die senegalesischen Schützen und andere Soldaten, die Afrika dem französischen Vaterland schenkt, bringen aus den Indochinakriegen eine Vorliebe für dieses Nahrungsmittel mit. Die afrikanischen Konsumenten ziehen den thailändischen oder chinesischen Reis dem einheimischen Erzeugnis vor.

Die wachsende Verstädterung des Kontinents treibt die Nachfrage hoch. In der Stadt ist es einfacher, Reis zu kochen als Hirse oder Sorghum. Eine Zeit lang können die einheimischen Pflanzungen die Nachfrage befriedigen. Doch schon bald sind sie damit überfordert. Die Landwirtschaft ist wie in der Elfenbeinküste exportorientiert und nicht auf die Befriedigung des Nahrungsmittelbedarfs ausgerichtet. Zudem ist die lokale Produktion aufgrund gravierender Infrastrukturprobleme häufig nicht wettbewerbsfähig. Eine Tonne Reis, die auf einem Frachter quer über den Ozean transportiert und in Dakar entladen wird, kostet weniger als eine Tonne, die durch Lastwagen mit spuckenden Motoren auf kaum befahrbaren Pisten vom anderen Ende des Landes herangekarrt wird.

Die explosionsartige Zunahme der afrikanischen Reisimporte erklärt sich einerseits durch strukturelle Faktoren, aber auch durch die Wahl des einfacheren Wegs. Es ist einfacher, bei den wenigen im Land ansässigen internationalen Unternehmen Steuern zu erheben, wenn ihre Ware das Schiff verlässt und mühelos greifbar ist, als bei Kleinbauern ein paar hundert CFA-Francs einzutreiben. Reisimport en gros bedeutet also auch eine bequeme Art, die Staatskasse zu füllen.

Chabert ahnt, dass dort ein Geschäft zu machen ist, dass man gutes Geld verdienen kann, wenn man den Reis in den Mittelpunkt seines Interesses stellt. Ende der Sechzigerjahre exportiert die Pariser Firma Goldschmidt, zu deren maßgeblichen Führungskräften er zählt, auch afrikanischen Kakao und Kaffee, um sie in Europa zu verkaufen. Chabert arbeitet für viele Auftraggeber. Daher kennt er alle afrikanischen Regierungschefs. Er ist der Einzige. Er hat außerdem ein Quasimonopol auf dem afrikanischen Reismarkt. Die zwanzig Frachter, die damals Reis um die Welt befördern, gehören ihm. Chabert ist der Erste, der erkennt, dass die Lieferung von Reis an die internationalen Hilfsorganisationen ein sehr einträgliches Geschäft sein kann.

»Mir wurde klar«, erzählt er, »dass man mit Reis mehr Geld verdienen konnte als mit Kaffee oder Kakao. Man brauchte eine Stunde, 500 Tonnen Kaffee zu verkaufen. In der gleichen Zeit konnte man 12 000 Tonnen Reis verkaufen.« Und noch ein weiterer Aspekt reizte Boris Chabert. »Die Europäer waren sehr schwierige Kunden. Sie mäkelten an der Qualität herum und kontrollierten alles. Anders gesagt, sie machten ihre Arbeit als Importeure.« Bei den Afrikanern ist alles anders. Es herrscht allgemeine Laxheit. Die Käufer sind keine Unternehmer, sondern Funktionäre, die öffentliche Unternehmen leiten. Sie wissen kaum, wie man eine Bilanz macht. Und noch weniger kennen sie den Unterschied zwischen einem hochwertigen und einem minderwertigen Reis.

Chabert wagt also den großen Sprung. Am 1. Januar 1970 gründet er seine neue Firma »Action S. A.«, in der Avenue Marceau Nummer 82 im 16. Arrondissement von Paris. Er hat keinen Pfennig in der Kasse. Aber er verfügt über einen internationalen Ruf in seiner Branche und einen unvergleichlichen Vertrauensvorschuss. Kann er sich nicht rühmen, zwölf Jahre lang Berater der chinesischen Regierung für Reis gewesen zu sein? China hat damals noch weniger als eine Milliarde Einwohner. Seit Jahrtausenden arbeiten dort Bauern auf den Reisfeldern. Und dann muss man einen Franzosen holen, um sich den Weltmarkt für Reis erklären zu lassen. Der Grund dafür ist, dass die kommunistische Welt Antennen in die Außenwelt braucht. Chabert sendet jeden Monat einen Bericht über den internationalen Handel nach Peking. Einmal im Jahr empfängt ihn der chinesische Handelsminister. Die Gespräche werden auf Russisch geführt, eine Sprache, die Chabert perfekt beherrscht. Man rollt einen roten Teppich vor ihm aus. »Ich fuhr zu einem Meinungsaustausch dorthin. Beim ersten Mal redete ich vier Stunden lang. Der Minister dankte mir und ging. Ich fragte, wann der Meinungsaustausch stattfinden solle. Man antwortete mir, dass er soeben stattgefunden habe.«

Chabert ist empört. Seine Informationen werden nicht mit klingender Münze honoriert. Immerhin gewähren ihm die Chinesen großzügig – er ist ihr wichtigster Reisaufkäufer – einen interessanten Preisnachlass. Er bekommt die Tonne Reis billiger als die Konkurrenz. Das macht den Zugang zu neuen Märkten einfacher und erhöht die Gewinnspannen. Vor allem aber erleichtert es Risikogeschäfte. Denn Chabert kauft »ungedeckt«, das heißt, ohne einen sicheren Abnehmer zu haben. Er wird durch die absolute Notwendigkeit zu antizipieren dazu gezwungen. »Ich glaube, dass Brasilien 100 000 Tonnen brauchen wird. Ich kaufe sie den Chinesen oder Pakistani ab, weil ich auf eine Hausse spekuliere, weil ich glaube, dass der Wert der Ladung steigt, sobald die Brasilianer sich auf die Suche nach solchen Mengen machen.«

Oft erweisen sich Chaberts Vorhersagen als zutreffend. Oft aber erfüllen die Brasilianer oder Ivorer seine Erwartungen auch nicht. Doch Chabert ist Geschäftsmann. Er braucht Abnehmer, aber auch zuverlässige Lieferanten. Die Kunden fehlen noch? Sie sind nicht da, wo er sie erwartet hat? Macht nichts. Die 100 000 Tonnen müssen trotz allem verladen werden. Der Frachter sticht also in See, während Chabert und sein Team sich auf die Suche nach Käufern machen. Mit diesem »schwimmenden Reis« wird Chabert ein Vermögen machen. So wird der »geniale Irre« für lange Jahre zum wichtigsten Reishändler der Welt, im Wesentlichen, indem er den Afrikanern asiatischen Reis verkauft.

Im Lauf der Zeit wird der Reis von den afrikanischen Regierungen immer mehr als ein strategisches Lebensmittel betrachtet, das für die Ernährung der Bevölkerung und die politische Stabilität der Region unverzichtbar ist. Sobald Mangel daran herrscht, droht von Abidjan bis Dakar das Gespenst einer Hungersnot mit sozialen Konflikten im Schlepptau. Die staatlichen Abnehmerorganisationen müssen die notwendigen Mengen liefern, um die Bäuche der afrikanischen Bürger zu füllen und die Aufrechterhaltung der öffentlichen Ordnung zu sichern. Die Leiter dieser Organisationen nehmen es mit der Qualität nicht sehr genau. Sie liefern den afrikanischen Verbrauchern einen Reis, der anderswo als ungeeignet für den menschlichen Verzehr gilt. »Man verkaufte ihnen Reis, den man nicht einmal an Vieh verfüttert hätte«, sagt ein Trader, der in den Siebzigerjahren aktiv war.

Außerdem verquicken die Verwalter der afrikanischen Staatsgelder ihre Interessen mit denen des Landes. Die eingekauften Mengen hängen oft direkt von großzügig offerierten Umschlägen internationaler Händler ab. Gut möglich, dass just dann ein Reiseinfuhrkontrakt zustande kommt, wenn es ein persönliches Bedürfnis zu befriedigen gilt. Die Lieferanten sind leicht zu finden. Chabert und ein paar andere teilen den afrikanischen Markt unter sich auf. So wurde ein Abkommen mit Maurice Varsano, dem Chef und Gründer der »Sucden«[1], geschlossen. Für Chabert der ivorische Reis, für Varsano der Zucker. Keiner von beiden kommt dem anderen ins Gehege, denn dann würde ein mörderischer Bruderkrieg die gemeinsamen Interessen bedrohen.

Der Reis, das ist »Dallas«!

Doch schon bald sieht sich Chabert mit großen Problemen konfrontiert. Seine Mitarbeiter verraten ihn. Nach drei Jahren an seiner Seite gründen einige seiner Angestellten »Riz et Denrées«, das seine Stellung auf dem afrikanischen Markt kontinuierlich ausbaut. Die neue Firma wird geleitet von Clément Palacci, der sich immer als »der größte Trader der Welt« vorstellt, egal, wer sein Gesprächspartner ist. Das Klima zwischen Chabert und Palaccis Team ist eisig. Für Chabert sind Palacci

1 Siehe Kapitel 1 über den Kakao, insbesondere die Seiten 26/27.

und sein Team »kleine Vollidioten«. Er spricht nie anders von ihnen. Zwischen beiden Unternehmen herrscht ein erbitterter Krieg. Die Leute von Riz et Denrées schrecken nicht davor zurück, Chaberts Kunden aufzusuchen und seine Ware »herunterzumachen«. Dabei bekommt Clément Palacci wichtige Schützenhilfe von Raphaël Totah, dem Vertreter von Continental Grain in Asien.

Continental ist damals eines der wichtigsten multinationalen Unternehmen auf dem Getreidesektor. Die Firma, die seit mehr als einem Jahrhundert an allen Börsen vertreten ist, hat Niederlassungen in New York, Buenos Aires und Paris und überall ihre Verbindungen. Die aus Belgien stammende Gründerfamilie Fribourg besitzt private Residenzen in den noblen Vierteln der großen Hauptstädte – in Paris in der Rue Octave-Feuillet im 16. Arrondissement. Die Macht von Continental kennt praktisch keine Grenzen.

Als Kennedy 1963 amerikanische Getreidelieferungen an die Sowjetunion in Erwägung zieht, nehmen die Führer von »Conti«, wie man das Unternehmen in der Branche nennt, an diesen Planspielen teil. 1974 erklärt sich die chinesische Regierung bereit, Reis an Conti zu verkaufen, der offiziell zum Export für Hongkong bestimmt ist. Dabei weiß man in Peking genau, dass diese Lieferungen auf Frachtern mit Kurs Djakarta verladen werden. In Indonesien herrscht ein eklatanter Mangel an Reis. Obwohl die Beziehungen zwischen den beiden Ländern seit der Ermordung hunderter, oft chinesischer kommunistischer Kämpfer durch die indonesischen Behörden 1965 kaum Fortschritte gemacht haben, beschließt China, die Augen vor dem wahren Bestimmungsort des Reises zu verschließen. Continental wird durch seine Geschäftstätigkeit zum Instrument einer politischen Annäherung zwischen zwei großen asiatischen Ländern. Das multinationale Unternehmen schlägt daraus Profit, indem es andere Agrarprodukte an das kommunistische China liefert, das keinesfalls nur mit Chabert enge Kontakte unterhält, wie dieser glaubt. Für Clément Palacci bedeutet es eine kapitale Trumpfkarte, dass er Continental auf seiner Seite hat.

Palacci und Totah können gewaltige Mengen bewegen, indem sie ihre Kräfte vereinigen und gemeinsam auf den afrikanischen und asiatischen Märkten agieren. Das ist unzweifelhaft ein Geschäftsvorteil. Sie können die Preise variieren, die Kosten reduzieren, mit einem Wort: dem Markt ihren Willen aufzwingen. Und vor allem Boris Chabert. Sie ziehen ihm gewissermaßen den Boden unter den Füßen weg. Weil Chabert über ein Quasimonopol an der westafrikanischen Küste verfügt, glaubte er, er könne ewig teuer einkaufen und noch teurer verkaufen. Er legt einen Mindestpreis fest, den die Lieferanten anschließend nur widerstrebend für andere, weniger treue und weniger wichtige Kunden als ihn senken. Dadurch schaltet er die Konkurrenz aus. Diese Rechnung geht nicht mehr auf, nachdem Continental massiv auf dem asiatischen Markt Fuß gefasst hat.

Das multinationale Unternehmen und die von Chabert so genannten »kleinen Vollidioten« gewinnen die Schlacht. Chabert ist ein begnadeter Händler, er kann Situationen adäquat einschätzen und im richtigen Augenblick zuschlagen. Er hat den Weg eröffnet und die Spur gezogen. Er hat erkannt und anderen gezeigt, dass der weltweite Reishandel eine vollwertige Tätigkeit ist, dass man damit Geld verdienen kann, viel Geld, wenn man bereit ist, die jeweiligen Führungsschichten zu bestechen. Doch das alles genügt nicht mehr. Von nun an muss man von Imperium zu Imperium verhandeln, von geschäftlicher zu politischer Macht. Und wenn man auf dem afrikanischen Markt aktiv sein will, muss man auch in Asien Geschäfte machen. Es ist unmöglich, die größten Reisimporteure der Welt, die Filipinos oder die Indonesier, zu ignorieren, wenn man im internationalen Maßstab operieren will. Chabert bezahlt teuer für diesen Irrtum.

Er bezahlt umso teurer, als der Reishandel in Asien massiv expandiert. Als die Ernte in den Sechzigerjahren kaum ausreichte, um die Nachfrage der großen Länder der Region zu befriedigen, konnte man nur durch den Import von Weizen ein prekäres Gleichgewicht herstellen. Mit der Zeit führt die willkürliche Politik der politischen Machthaber zu einem Vorratsüberschuss. In China oder Indien werden diese Vorräte Jahr für Jahr gehortet, um beim geringsten Problem hervorgeholt zu werden, etwa um eine Missernte oder eine Klimakatastrophe auszugleichen. Als man mangels Platz die Silos räumen muss, entschließt man sich zu exportieren. In Thailand oder Vietnam hingegen entwickelt sich eine Exportindustrie. Die Politik fördert Bemühungen, um den lokalen Bedarf zu decken sowie einen für den Export bestimmten Überschuss zu erzielen.

Der Markt der »Pappnasen«

Offiziell werden Handelsabkommen zwischen Staaten geschlossen, die internationalen Händler sind dabei nur einfache Vermittler. Tatsächlich sind sie jedoch viel mehr. Ob in Bangkok, Karatschi oder Djakarta, die Konstellation ist immer die gleiche: Staatliche Organisationen unter der Leitung korrupter Funktionäre sind für Einkauf und Verkauf, Import und Export zuständig. »Jeder hat die Hand aufgehalten«, gesteht ein Kenner der Materie, »die hohen Beamten wie die Politiker.« Später bilden sich andere Korruptionsmechanismen heraus. In Pakistan ist es beispielsweise verboten, an internationale Handelsunternehmen zu verkaufen. Verhandelt wird nur von Staat zu Staat, von Staatsmacht zu Staatsmacht.

Doch das kann die internationalen Einkäufer nicht aufhalten. Bevor sie auf lukrative Geschäfte verzichten, greifen sie lieber auf afrikanische Minister aus Mauretanien, Liberia oder Madagaskar zurück. Jeder internationale Konzern hat seinen eigenen afrikanischen »Vertreter«. Er soll, gegen gutes Geld, den Einkäufer spielen und einen Reisbedarf in seinem Heimatland vortäuschen. Sobald der Kontrakt unterzeichnet ist, wird die Ware von den großen Handelsgesellschaften, die das Geschäft nun übernehmen, bezahlt und verladen. Das nennt man die Strategie der »Pappnasen«. Die Pakistani werden dabei nicht wirklich hinters Licht geführt. An der Spitze der öffentlichen Organisationen gab es durchaus ein »stillschweigendes intellektuelles Einverständnis«, sagt ein ehemaliger Käufer verschämt, ohne die Höhe des »stillschweigenden Einverständnisses« zu beziffern. Mitarbeiter vor Ort bringen das Manöver über die Bühne und überwachen diskret die Verladung. Aber die Trader suchen immer nach mildernden Umständen für den Zynismus ihres täglichen Treibens. »Dadurch dass die Pakistani diese Kontrakte mit den Pappnasen unterzeichneten«, fährt dieser brillante Stratege fort, »konnten sie schon zu Beginn der Ernte sicher sein, dass sie verkauft würde. Sie gewannen dadurch also ein Mehr an Sicherheit.«

Überall von Afrika bis Asien macht der Reishandel Händler und Funktionäre reich. Die Bauern hingegen profitieren kaum vom wachsenden Warenverkehr. Im Gegensatz zu den idyllischen und exotischen Vorstellungen von Reisbauern, die in den westlichen Ländern kursieren, gehört die Arbeit auf dem Reisfeld zu den mühsamsten Tätigkeiten, die es gibt. Unter dem breitkrempigen Strohhut und dem gebeugten Rücken nistet seit Jahrtausenden der Schmerz. Männer und Frauen stehen tagelang bis zu den Knien in Wasser und Schlamm, oft genug vermengt mit Urin, und harken die Erde, bevor sie die Reiskeime setzen, die von kleinen Nachbarpflanzungen stammen. Weil sie mit den Beinen im Wasser stehen, sind sie ständig der Gefahr von Schlangenbissen ausgesetzt. Deshalb verlassen die jungen Thailänderinnen lieber das Land und arbeiten in Textilfabriken. Besser an eine Maschine gekettet sein, als von der angeblich nährenden Erde verschlungen zu werden. Und die »Kulis, die die Fünfzigkilosäcke von den Kais in den Schiffsbauch schleppen, wiegen selbst gerade einmal fünfundvierzig«, schildert ein mit diesen Gegenden vertrauter Exporteur. Sie sind mager wie Bohnenstangen. Um das unaufhörliche Hin und Her zwischen Kai und Schiff zu ertragen, putschen sie sich mit Koffein auf – »das nehmen auch die Prostituierten, wenn sie bis Mitternacht arbeiten müssen«.

Nach allgemeiner Übereinstimmung ist die Lage in Birma, dem heutigen Myanmar, am schlimmsten. Die Bauern in diesem Land der Hungerleider, wo man einen Dollar am Tag verdient und einen Teil der Ernte an den Staat abliefern muss, leben praktisch im Zustand der Sklaverei. Dabei ist Myanmar nicht mehr der große Reisexporteur, der es in der Mitte des 20. Jahrhunderts war. Damals hatte Rangun die Spitzenposition auf dem Weltmarkt inne. Doch die Isolierung des Militärregimes und seine Ächtung durch die internationale Staatengemeinschaft haben dazu geführt, dass es vom Weltmarkt für Reis verschwunden ist. Ohne finanzielle Einnahmen konnte die birmanische Regierung nicht den Ausbau eines Tiefseehafens in der Nähe von Rangun finanzieren. Ein Frachter mit mehr als 12 000 Tonnen kann nicht an den Kais anlegen. Für große Schiffe pendelt daher eine Heerschar kleiner Boote zwischen den Docks und dem Schiff, das auf offener See liegt, hin und her. Diese Boote sind langsam und teuer.

Dennoch knüpfen Anfang der Neunzigerjahre wieder Händler Geschäftsbeziehungen zur birmanischen Diktatur. Die Pioniere sind die Leute der »Sucden«, eines Unternehmens unter der Leitung von Serge Varsano, der für das Scheitern der Firma an der Elfenbeinküste verantwortlich war.[2] In ihren Augen ist Rangun eine großartige Goldader. Damals sieht es so aus, als sei die birmanische Hauptstadt von allen Europäern verlassen worden. Auch die großen asiatischen Gesellschaften sind nicht präsent. Die Stadt ist wie ausgestorben. Die Trader der »Sucden« steigen in Hotels ab, die ihnen als »grauenhaft« in Erinnerung bleiben. Verfallene Gebäude ohne Wasser, keine Möglichkeit, zu telefonieren oder zu faxen. Die »Sicherheit« dagegen ist hundertprozentig gewährleistet. Die Besucher werden rund um die Uhr von der örtlichen Polizei überwacht, die ihnen jeden Kontakt zu einem Birmanen untersagt. Aber die Regierung legt Wert auf die Anwesenheit dieser potenziellen Käufer. Sie organisiert ein paar Feste, Tempelbesichtigungen und ein offizielles Abendessen. Denn die birmanische Regierung will Reis verkaufen. Sie braucht dringend Geld für die Sanierung ihres Gesundheitssystems. So wird ein Tauschgeschäft vereinbart. Eingefädelt wird es von Paul Dijoud, dem ehemaligen Staatssekretär für die Entwicklung der Überseedepartements und -territorien und Direktor der »Sucden« zwischen 1982 und 1987, und Bernard Goury, einem Vertrauten von Edith Cresson, der mittlerweile ebenfalls für

2 Siehe Seiten 26/27 und S. 169.

die »Sucden« arbeitet. Sie tauschen 30 000 Tonnen Reis gegen die Lieferung eines Wasseraufbereitungssystems und Medikamente.

Die Vorrichtungen zur Reisverarbeitung auf dem Land, große, ziemlich grob arbeitende Mühlen, sind so wie der Rest des Landes: veraltet. Nach der Ernte werden die Spelzen von den Reiskörnern entfernt. Es bleibt nur das Silberhäutchen übrig. Diesen Reis nennt man Cargoreis, er muss noch poliert werden, damit man weißen Reis erhält. Die für den Export bestimmten Ladungen sind von schlechter Qualität. Die birmanischen Verhandlungspartner können keinen guten Preis dafür heraushandeln. Außerdem sind sie so schlecht informiert und abgeschnitten von der Welt, dass sie nie die aktuellen internationalen Kurse für Reis kennen. Die Verhandlung ist folglich nicht allzu schwierig. Für die europäischen Käufer sind die birmanischen Geschäfte mit Sicherheit sehr lukrativ. Einer der Akteure auf diesem Markt beschrieb seine Gesprächspartner viele Jahre später, nachdem er die »Sucden« verlassen hatte, aber weiter in Birma Reis einkaufte, um ihn in Afrika zu verkaufen, als »strohdumm, ohne eine Ahnung vom Weltmarktkurs, aber nie einer kleinen Vergünstigung abgeneigt«.

In letzter Zeit erhoben die birmanischen Militärs etwa einen Dollar auf jede exportierte Tonne Reis. Man kann sich ausrechnen, dass die birmanischen Funktionäre, die die Reisexporte kontrollieren, in guten Jahren so ungefähr eine Million Dollar auf die Seite gebracht haben. Eine Lappalie, die selbst dem unbedeutendsten afrikanischen Politiker, der an die milden Gaben der Ölindustrie gewöhnt ist, nur ein müdes Lächeln entlocken würde.

Der Schock der dicken Kuverts

Die Verteilung von Pfründen ist unumgänglich in diesen Jahren, in denen zumindest im Prinzip öffentliche Organe Kauf und Verkauf kontrollieren. In der Welt des internationalen Handels ist das ein absolut banales Faktum. Angelockt von Kontrakten über mehrere hunderttausend Tonnen und von der wachsenden Entwicklung des Reiskonsums in Afrika taucht nun ein anderes multinationales Unternehmen auf der Bildfläche auf: Glencore. Der Konzern hat im Jahr 2003 durch den katastrophalen Umgang mit seinen Mitarbeitern in seiner Filiale Metaleurop in Nordfrankreich, von denen hunderte entlassen wurden, und durch den Zynismus seines Vorstands von sich reden gemacht. Er wurde von dem Amerikaner Marc Rich gegründet, einem Genie in der Finanzierung und im Handel mit Rohstoffen, der nach der ersten Ölkrise von 1973, als die Ölförderländer am Persischen Golf beschlossen, künftig ihre Quellen und ihre Exporte selbst zu kontrollieren, ein Vermögen machte, indem er den Weltmarkt für Erdöl in seiner heutigen Gestalt erfand. Auch nachdem ihr Gründer die Firma verlassen hatte, setzte sich der unaufhörliche Aufschwung fort, auf dem Erdölmarkt ebenso wie auf dem Markt für Metalle oder Getreide.

Überall, von Madrid bis London, vom Schweizer Kanton Zug bis Amsterdam, ist Vertraulichkeit oberstes Gebot. Glencore ist kein Unternehmen, in dem man Karriere macht. Man wird darin Teilhaber. Man macht Geld, wenn möglich ein Vermögen. Dann bricht man zu neuen Abenteuern auf. Wenn ein Sektor nicht rentabel genug erscheint, wird er aufgelöst. Der Reissektor wird 2002 ausgemustert, nach zwanzig Jahren des Engagements.

In den Achtzigerjahren fasst Glencore auf diesem Markt Fuß. Die Firma wird angezogen von der Leichtigkeit, mit der man mit den afrikanischen Staaten über große Mengen verhandeln kann. An der Spitze von Glencore Reis steht Charley Pinto, ein Franzose ägyptischer Herkunft. Er ist ein Abtrünniger von Continental, wo er an der Seite von Raphaël Totah im Getreidehandel das Metier gelernt hat, und ähnelt ein bisschen Groucho Marx. Während Chabert für seine Grobheit bekannt ist, ist er es für seine Gewalttätigkeit. Seine Wutausbrüche sind fürchterlich. Manchmal fliegen in den Büros von Glencore in der Nähe der Champs-Élysées Möbel durch die Gegend.

Glencore verteilt noch mehr Umschläge nach allen Seiten als die Konkurrenz. »Die asiatischen Märkte sind nicht schwieriger als die afrikanischen, man muss nur genug Kuverts verteilen«, sagt ein ehemaliger Händler. Dank dieser teuer erkauften Loyalität weiß Glencore immer vor den Konkurrenten über die Marktbewegungen Bescheid. Die Pflege dieser asiatischen Kontakte obliegt einer jungen Frau vietnamesischer Herkunft, die nach zwölf Jahren im Hintergrund, in der Verwaltungsabteilung von Glencore, auf den einträglichen Posten eines Traders zuerst in Paris, dann zwei Jahre lang in Hongkong befördert wird. Bich Hoan Trahn, die nach ihrer Flucht mit *boat people* in Frankreich ausgebildet wurde, beherrscht perfekt Mandarin und Vietnamesisch. Sie ist eine Kämpfernatur. Überall verfügt sie über angesehene Zuträger. Kaum ist irgendwo eine Million Tonnen zu verkaufen oder zu kaufen, schon steigt sie ins Flugzeug nach Djakarta oder Peking.

Sie unterhält enge Kontakte zu den Führern der staatlichen indonesischen Agentur Bulog. Die chinesischen Funktionäre wiederum werden durch »kleine Geschenke«, wie die Leute von Glencore es nennen, belohnt. Sie mögen sich Kommunisten und Revolutionäre nennen, aber sie akzeptieren bedenkenlos eine Woche auf Kosten Glencores in Paris. Sie wohnen in den Grandhotels, werden zu Besichtigungsfahrten auf der Seine in den Bateaux-Mouches gebracht und in die vornehmen Restaurants begleitet. Sie werden verwöhnt. Und das alles, damit man eines Tages vor der Konkurrenz die Information erhält, die es ermöglicht, zu kaufen und damit zu verkaufen. Wer Geschäfte mit den Chinesen machen will, muss in der Tat immer auf der Lauer liegen. China produziert Reis für den Eigenbedarf, nicht für den Export. Es exportiert nur Überschüsse, wenn die Silos leer geräumt werden müssen, um die nächste Ernte aufzunehmen. Verkäufe finden folglich nur unregelmäßig statt und sind jederzeit möglich, auch gegen die Markttendenz. Daher ist es lebenswichtig, diese Information vor der Konkurrenz zu bekommen. Deshalb braucht man ein gutes Informationsnetz.

»Der Beruf des Traders«, sagt einer von ihnen, »ist der Beruf eines Polizisten, eines Fahnders. Man muss dem Gesprächspartner zuhören können, die Informationen, die Tendenz herauslesen, sehr schnell analysieren und Entscheidungen fällen können.« Wenn man den chinesischen Reis in seine Hände bekommt, dann sichert man sich ansehnliche Gewinnspannen und beträchtliche Bonuszahlungen für die Angestellten und Teilhaber. Aber die Kuverts funktionieren in alle Richtungen. Es gibt welche für die Kunden, für die Lieferanten wie auch für die Mitarbeiter. In Paris, wo die Hand voll Spezialisten für den Reismarkt bei Glencore tätig ist, werden die Bonuszahlungen für die Angestellten in bar übergeben, dank der Köfferchen, die regelmäßig aus Genf eintreffen. Die Trader wiederum besitzen ein Bankkonto in der Schweiz. Charley Pinto zieht sich aus dem Geschäft zurück, nachdem er ein Vermögen gemacht hat. Er verlässt das Team, das er auf die Beine gestellt hat, und bald darauf wirft Glencore alle auf die Straße: Die Geschäfte laufen nicht mehr gut genug.

Der Exodus der multinationalen Unternehmen

Obwohl Afrika immer mehr Reis kauft, sind die Gewinnspannen nicht mehr groß genug. Die Konkurrenz ist zu zahlreich und zu gierig. Vor allem aber genügt es nicht mehr, dass man über die politischen Kontakte verfügt und dem richtigen Gesprächspartner einen Umschlag zukommen lässt, um sich den begehrten Kontrakt zu angeln. Noch vor der Liberalisierung der landwirtschaftlichen Exportbranchen Kaffee, Kakao und Baumwolle entgleitet der Reis der staatlichen Kontrolle. Seit Ende der Achtzigerjahre haben die Ausgleichs- oder Stabilisierungsfonds keinen Einfluss mehr. Staaten, Regierungen und Funktionäre können nicht mehr als Vermittler auftreten. Platz da für die Händler und Kaufleute, so lautet nun die Devise.

Ein beachtlicher Geldsegen entgeht damit den Liebhabern verschiedener Pfründe. Immerhin kauft die Elfenbeinküste bis zu 500 000 Tonnen jährlich, der Senegal 700 000 Tonnen, Nigeria eine Million und Guinea-Conakry 300 000 Tonnen. In all diesen Ländern liegt der Einkauf nun in den Händen einer Myriade von Kleinimporteuren. Sie kaufen ein paar tausend Tonnen hier, ein paar tausend da. Für die großen multinationalen Unternehmen, die in Kontrakten über hunderttausende von Tonnen denken, ist das vollkommen uninteressant. Diese Häuser sind Kontrakte über Getreide oder Öl gewohnt. Zwischen dem Nahen Osten und den Vereinigten Staaten, Europa und Asien zirkulieren hunderte von Millionen Dollar in

Gestalt von Rohstoffen. Die Geschäfte werden per Telefon oder Internet getätigt. Man reist kaum. Man kennt nur selten das Gebiet. Ist es wirklich vorstellbar, dass einer dieser tollen Hechte über den Markt von Mbour trottet, den großen Fischerhafen im südlichen Senegal, um dort Kaufleute zu treffen, die in ihrem Hinterzimmer ein paar Dutzend Säcke mit 50 Kilo aus Thailand oder Vietnam stapeln? Ist es vorstellbar, dass diese Männer, die an enorme Kontraktsummen gewöhnt sind, ihre Büros verlassen, um sich vor Ort umzusehen? Ganz gewiss nicht. Diese Geschäftsleute verkehren mit ihren Kunden und Lieferanten nur aus der Ferne.

Die finanzielle Absicherung genießt oberste Priorität. Es ist undenkbar, ohne Deckung und ohne Schutz auf dem Warenterminmarkt eine Ladung Weizen zu kaufen, die drei Monate später erst verkauft wird. Der Vertrag verlangt, dass der Preis der Ware zum Lieferzeitpunkt auf der Basis des Werts fixiert wird, den eine Tonne Weizen dann an der Rohstoffbörse von Chicago hat. Für Reis aber gibt es nichts Vergleichbares. Auf diesem Markt wird nach Abmachung abgeschlossen. Es gibt keinen Warenterminmarkt, keine Börse, keine Aufseher. Im Übrigen wollen die Trader, die auf dem Reismarkt tätig sind, das auch gar nicht. Man kann sie verstehen. Sie ziehen es vor, fern einer wie auch immer gearteten Finanzaufsicht ihren Geschäften nachzugehen. Das bietet einen doppelten Vorteil. Sie können weiter in vollkommener Undurchsichtigkeit ihr Süppchen kochen. Gleichzeitig stellen sie dadurch bestimmte multinationale Konzerne kalt, insbesondere amerikanische, die es gewohnt sind, auf den Warenterminmärkten für Rohstoffe zu arbeiten, und für die eine Arbeit ohne Absicherung auf den Finanzmärkten nicht infrage kommt. *Exit* also für die Marktgiganten. Das *mano a mano* zwischen Großunternehmen und

Regierungen wich einer Partie zu dritt zwischen asiatischen Exporteuren, Genfer Tradern und afrikanischen Abnehmern.

Die Staaten bäumen sich noch einmal auf

Die asiatischen Regierungen, für die der Reis ein strategisches Lebensmittel bleibt – schließlich müssen sie Milliarden von Einwohnern ernähren –, wollen sich nicht mit dieser rückhaltlosen Liberalisierung abfinden. So versuchen die Führer der wichtigsten Erzeugerländer, im Jahr 2000 eine Allianz zustande zu bringen, um gegen den andauernden Verfall der Kurse auf dem Weltmarkt vorzugehen. Thailand und Vietnam, die zwei wichtigsten Reisexporteure, aber auch Pakistan und China, wollen Informationen austauschen und Vorräte anlegen, um die auf dem Weltmarkt verfügbaren Mengen zu kontrollieren und die Preisentwicklung zu steuern. Tatsächlich geht es darum, unter der Hand eine Quotenregelung durchzusetzen, über die einzig und allein die Produzenten bestimmen würden. Doch die Sache geht schief. Jeder verkauft weiter, was er auf Lager hat, und versucht, den bestmöglichen Kurs herauszuholen, und sei es auf Kosten der regionalen Konkurrenten.

Am anderen Ende der Kette, in Afrika, ergeht es den Politikern, die intervenieren wollen, übel. Im Frühling 2004 wettert der Präsident von Guinea, Lansana Conté, über die internationalen Händler und die einheimischen Importeure, denn der Reispreis ist im Lauf der letzten Wochen immens gestiegen. In der Bevölkerung werden erste Äußerungen von Überdruss laut. Die Menschen können die hohen Preise kaum noch bezahlen. Lansana Conté ist überzeugt, dass die Händler spekuliert haben und sich auf dem Rücken der Verbraucher eine goldene Nase verdienen. Er ignoriert bewusst die internationalen Zusammenhänge. Unter dem Druck der chinesischen Nachfrage nach Rohstoffen aller Art sind die Frachtraten explodiert. Wenn man das Glück hat, einen freien Frachter zu ergattern, dann sind die Frachtkosten inzwischen so hoch, dass schon der Transport der kleinsten Reismenge ein Vermögen kostet. Außerdem fiel die Reisernte in China in diesem Jahr schlecht aus. Sie reicht nicht einmal aus, um die Binnennachfrage zu befriedigen. Die Chinesen exportieren nicht. Sie importieren. Die Preise auf ihrem Binnenmarkt sind so interessant, und die Nachfrage ist so groß, dass tausende mit Reis beladene Frachtkähne in Vietnam illegal nach China geschleust werden, was die Mengen, die für fernere Ziele verfügbar bleiben, naturgemäß reduziert. Wenn man Reis findet, ist er teurer.

Lansana Conté kümmert das nicht. Im Frühling 2004 befiehlt er den Kauf von zwei Frachtladungen Reis auf Staatskosten. Das Geschäft wird in Verwaltungsgeschwindigkeit, das heißt also langsam, durchgezogen. Die Löschung der Säcke im Hafen von Conakry, den alle Reedereien zu umgehen versuchen, weil die Abfertigung dort so miserabel ist, dauert länger als vorgesehen. Die Schiffe liegen länger als geplant im Hafen fest. Die zusätzlichen Kosten für die Staatskasse Guineas belaufen sich auf eine Million Dollar. Der Reis wird zu einem von der Regierung festgelegten Preis verkauft. Es ist ein vom Staat subventioniertes Verlustgeschäft, das den traditionellen Kaufleuten direkt Konkurrenz macht, die nun ihre Einzelhandelsverkaufspreise senken müssen, um die Lager zu leeren. Man könnte die Operation für besonders schlau halten, aber sie ist es nicht. Denn natürlich stellt sich auf dem Markt, sobald der Inhalt der zwei von Lansana Conté georderten Schiffe verkauft ist, wieder die ursprüngliche angespannte Situation ein. Schlimmer noch. Trotz aller Entschädigungsversprechungen gelingt es den Groß- und Einzelhändlern nicht, von der öffentlichen Hand Geld zu bekommen. Folglich wälzen sie ihre Probleme auf die Verbraucher ab: Der Reispreis steigt in ungeahnte Höhen. Das Manöver von Lansana Conté war also buchstäblich ein Schlag ins Reiskontor.

Epilog

Inzwischen hat die Welt sich verändert. Die Liberalisierung hat die Großkonzerne und die staatlichen Organisationen vom Markt verdrängt. Mit Ausnahme von Myanmar ist keine Regierung mehr direkt am Verkauf von Reis beteiligt. Abgesehen von einem oder zwei multinationalen Konzernen mit der französischen Gruppe Louis-Dreyfus an der Spitze liegt der Reishandel heute in den Händen kleinerer Unternehmen. Die von ihnen gelieferte Ware entspricht oft besser den Bedürfnissen der Kunden. Von Genf über Karatschi und Abidjan bis Anvers fahren sie Gewinne ein, während Heerscharen bettelarmer asiatischer Arbeitskräfte weiterhin afrikanische Konsumenten ernähren, die genauso arm sind wie sie.

5.
PFEFFER

Auf dem Pfeffermarkt geht es weitaus ruhiger zu. Weitab vom unersättlichen Appetit der Genfer Unternehmen, tausend Meilen vom Lärm der Börsensäle entfernt hat Claude Cuvillier in Marseille die Garage seines Hauses in ein Büro umgewandelt. Von einer banalen, gutbürgerlichen Villenkolonie aus trägt er das seine zur Versorgung der französischen Industrie mit Pfeffer bei. Ihm und einigen wenigen anderen verdanken es die europäischen Verbraucher, dass sie im Gewürzregal ihres Supermarkts Gläschen mit ganzen oder gemahlenen Pfefferkörnern finden, denn die echten Gewürzhändler sind mit Mann und Maus verschwunden. Claude Cuvillier, ein unauffälliger Mann mit leichtem Süd-Akzent, hat hinter seinem Computerbildschirm eine Grafik an die Mauer geheftet, auf der die Entwicklung der Pfefferkurse in den letzten Jahren dargestellt ist. Nur diese Zickzackkurve erinnert an deren heftige Ausschläge.

Denn auch die Gewürze sind Gegenstand umfangreicher Spekulationen. Hinter den mit schwarzen Körnern gefüllten Gläschen in den Küchenregalen auf der ganzen Welt verbergen sich bedeutende Handelsströme. Denken wir etwa an unsere großen Vorfahren, Entdecker, Abenteurer und Seefahrer wie Marco Polo, Christoph Kolumbus und Vasco da Gama, die alle aufgebrochen waren, um die Straße der Gewürze zu finden. In jenen fernen Zeiten führte die Straße nach Indien. Portugiesen, Holländer und Briten lieferten sich einen erbitterten Kampf um das Monopol für den Anbau und den Handel mit Pfeffer und Nelken. Schon damals wurden Vorräte vernichtet, um einen Preisverfall zu verhindern oder auf eine Hausse zu spekulieren. Die Holländische Ostindiengesellschaft machte enorme Gewinne auf Kosten der Produzenten und Verbraucher. Später mischen auch Franzosen und Amerikaner mit.

Claude Cuvillier ist ein Nachfahre jener Abenteurer, die in früheren Zeiten aufgebrochen waren, die Welt zu erobern. Sein Weg ist weniger schillernd, seine Reisen sind nicht so heldenhaft, und seine Zimmer in internationalen Hotels sind luxuriöser als die Kajüten seiner großen Vorgänger. Und dennoch. Wenn er über seinen Werdegang nachdenkt, wenn die Erinnerung an die Menschen, die ihm dabei begegneten, in ihm aufsteigt, dann entfährt ihm unwillkürlich ein »Was für abenteuerliche Zeiten«. In Anspielung auf den Ausruf des Cid bei Corneille könnte er ausrufen: »Wir brachen zu hundert auf.« Doch wenn Cuvillier sich umdreht, erblickt er im Gegensatz zu dem berühmten spanischen Ritter und Nationalhelden nicht dreitausend Gefährten. Er sieht nur fünfzehn. Die Truppen sind dahingeschmolzen.

Als Cuvillier sich Ende der Siebzigerjahre zusammen mit einem Kollegen selbstständig macht, ernährt der Pfeffermarkt noch etwa hundert Unternehmen im Handel, im Import und in der Industrie. Jeden Tag muss man mit ihren Führern sprechen. Manche sind davon überzeugt, dass Pfeffer knapp werden wird, dass die Inder, damals führend in der weltweiten Produktion, nicht genug Regen bekommen werden, dass der Monsun verspätet einsetzt. Die Preise werden steigen. Sie werden schon sehen! Man muss so schnell wie möglich kaufen. Sie spekulieren auf eine Hausse.

Andere dagegen glauben an eine Baisse, denn sie sind überzeugt, dass die Produktion in Indonesien und Brasilien bei weitem das indische Defizit kompensieren wird. Die Beresina ist gesichert. Man muss schleunigst alle Vorräte losschlagen und abwarten, bevor man kauft. Alle Mann in die Unterstände. Händler und Makler, die unvermeidlichen Vermittler, konnten zwischen den Vertretern beider Meinungen, zwischen den Wagemutigen und den Vorsichtigen, zwischen den Kategorischen und den Zweiflern, jonglieren, Kursunterschiede ausnutzen und ein paar Dollar pro Tonne ergattern, mit einem Wort, sie hatten ein angenehmes Auskommen dadurch. Sie nahmen Risiken auf sich und nebenbei Prozente, aber sie schmierten das Getriebe und sorgten für ein reibungsloses Funktionieren des Markts.

Im Zentrum der Diskussionen stand der »reale Pfeffer« im Gegensatz zum Pfeffer »auf dem Papier«. Das ist heute nicht anders. Denn im Gegensatz zu Erzeugnissen wie Kaffee, Kakao und Baumwolle wird Pfeffer ebenso wie Reis nach Absprache gehandelt, von Mann zu Mann, von Telefon zu Telefon, von E-Mail zu E-Mail. Die gehandelten Mengen sind nämlich nicht so groß, dass sie die Einführung von Kontrakten auf Pfeffer an der Warenterminbörse rechtfertigen würden. Spekulanten und Pensionsfonds halten sich folglich davon fern, da sie ihrer üblichen Arbeitsinstrumente beraubt sind. Nur zweihunderttausend Tonnen Pfeffer werden jährlich, in guten wie in schlechten Jahren, in der Welt gehandelt. Das ist in der Tat nicht viel. Es ist trotzdem genug, um erhebliche Marktschwankungen auszulösen und Freiräume zu schaffen, in denen die größten Hasardeure alles aufs Spiel setzen. Manchmal gewinnen sie so ein Vermögen. Manchmal, wenn das Risiko schlecht kalkuliert ist, fallen sie ins Bodenlose.

Auf diese Weise verschwand im Jahr 1992 einer der brillantesten Drahtzieher des Gewürzmarkts von der europäischen Bühne: Gilbert Ducros. Sein Name ist berühmt, weil seine kleinen Gläschen überall vertrieben werden. Aber der Mann musste sich unfreiwillig aus dem Geschäft zurückziehen, nachdem er gezwungen war, seine Firma an die italienische Ferruzzi-Gruppe zu verkaufen. Ducros, wie viele erfolgsverwöhnte Trader Opfer seines eigenen Größenwahns, merkte nicht, wann er aufhören musste. Er sah nicht, dass die Welt sich veränderte, dass die Geschäftsmethoden sich wandelten. Es genügte nicht mehr, dass »Monsieur Gilbert« im ganzen Maghreb und in Europa bei den einheimischen Käufern bekannt war wie ein bunter Hund, um Erfolg zu haben. Dabei hatte Gilbert Ducros schon einmal kräftiger Gegenwind ins Gesicht geblasen. Zwanzig Jahre zuvor hatte der Markt sich zum ersten Mal gegen ihn gewandt. Als seine Firma am Rande der Zahlungsunfähigkeit gewesen war, hatte Ducros mit seinem unvermeidlichen Schulheft in der Hand seine Lieferanten und Gläubiger abgeklappert. »Entweder Sie zwingen mich, Konkurs anzumelden, dann verschwinde ich, und Sie werden nur einen Bruchteil dessen wiederbekommen, was ich Ihnen schulde«, hatte er ihnen erklärt, »oder Sie helfen mir, ich komme wieder auf die Beine und bezahle Sie.« Die Gläubiger entschieden sich für die zweite Lösung, und daran hatten sie gut getan.

Ducros, ein verschwiegener Autodidakt, liebt das Abenteuer. Die internationalen Märkte reizen ihn. Wenn er dreitausend Tonnen für seine französischen Fabriken braucht, kauft er viermal so viel und spekuliert mit neuntausend. Gilbert Ducros wird vom Industriellen zum Händler. Als *Imperator* der Gewürze zwingt er Claude Cuvillier dazu, in Brasilien, einem großen Pfefferproduzenten, tätig zu werden. »Entweder Sie gehen dorthin«, sagt er zu ihm, »und wir machen zusammen Geschäfte, oder ich verzichte auf Ihre Dienste.« Zehn Jahre lang chartern Ducros und Cuvillier, der zum Händler mutierte Industrielle und der Makler, jährlich ganze Frachtschiffe, die Frankreich, Algerien oder Marokko ansteuern. Ducros macht ein Vermögen, Cuvillier aber nicht.

Doch Claude Cuvillier »macht« auch nach der Ausschaltung von »Monsieur Gilbert« und dem Verschwinden der Konkurrenten diskret, aber hartnäckig seine paar tausend Tonnen Pfeffer pro Jahr, was etwa dem französischen Bedarf entspricht. Zu seiner großen Verzweiflung ist die Anzahl seiner Gesprächspartner zusammengeschrumpft. Damit nicht genug. Auch ihr Charakter hat sich verändert. Die Zeiten kollegialer Geselligkeit sind vorüber. Zu viel Geplauder wäre der Ruin des Unternehmens. Nicht einmal der Preis, der früher im Mittelpunkt des Metiers und der Kontrakte stand, ist noch von Interesse. Ob die Tonne Pfeffer 1000 oder 1500 Dollar kostet, ändert nichts an der Rendite. Die Preissteigerung wird an die Verbraucher weitergegeben.

Cuvillier hat weniger mit Käufern als mit Toxikologen zu tun, die auf der Jagd nach Ochratoxin sind, einem potenziell Krebs erregenden Schimmelpilz, dem die Brüsseler Behörden den Krieg erklärt haben. Wenn der zulässige Grenzwert überschritten wird, ist der ganze Kontrakt im Eimer. Aus einer farbenprächtigen Welt voller Abenteurer und Spekulanten, in der Verführung und menschliche Kontakte eine entscheidende Rolle spielten, sieht sich Cuvillier nun in ein Universum aus Reagenzgläsern katapultiert, in dem der Laborleiter unumschränkte Macht über die Einkäufe hat. Man spricht nicht mehr über Geld, man spricht über Gesundheit. Man vergewissert sich permanent, dass alles den gesundheitlichen Vorschriften entspricht. Es dauert Stunden, bis man die *check-list* einer bescheidenen Lieferung Pfeffer durchgeackert hat. Das ist ein anderer Beruf.

Der Durchbruch der Vietnamesen

Claude Cuvillier wurde nicht nur zum ohnmächtigen Zuschauer von Umbrüchen degradiert, die er nicht beeinflussen konnte, er erlebte außerdem eine radikale Umwälzung unter den Lieferanten, als ein Neuling auf der Bühne auftauchte, nämlich Vietnam. Die Vietnamesen unternahmen einen zweiten Anlauf. Nicht genug damit, dass sie sich unter die weltweit wichtigsten Produzenten für Kaffee und Reis hochgearbeitet hatten, nun griffen sie auch auf dem Pfeffermarkt nach den Sternen. Innerhalb weniger Jahre wurden die Karten neu verteilt. Während Inder, Indonesier, Malaysier und Brasilianer seit Jahrzehnten friedlich den Markt unter sich aufteilten, zogen die Vietnamesen, begünstigt durch die außergewöhnliche Fruchtbarkeit ihrer Böden, einen regelrechten Überfall durch. Heute haben sie alle überholt und sind die unangefochtenen Herren des Pfeffermarkts, Weltmeister in der Produktion wie im Export. Ihre Jahresernte erreicht fast hunderttausend Tonnen, das heißt, sie liefern die Hälfte der weltweiten Exporte.

Im Februar beginnen die vietnamesischen Bauern mit der Ernte der Beerenrispen. Aus der Ferne könnte man sie mit kleinen Weintrauben verwechseln. Doch diese Rispen hängen an Lianen, die sich zwischen zwei Meter hohen Pfosten ranken. Je nachdem, ob man grünen, schwarzen oder weißen Pfeffer will, müssen diese kleinen Körner wenig, stark oder exzessiv reifen.

Sie werden zunächst in Salzlake oder in fließendes Wasser gelegt und anschließend getrocknet, weiterbefördert, verarbeitet und exportiert.

Die Position der Vietnamesen ist nicht zuletzt dadurch stärker geworden, dass die Inder immer mehr selbst konsumieren und weniger exportieren. Das ist eine Folge der Entwicklung dieses Landes, des wichtigsten der Welt, und der Veränderung der Essgewohnheiten der wohlhabenden Schichten, die bei ihrer Ernährung immer stärker auf Produkte der Agrarindustrie zurückgreifen. Die Vietnamesen haben also freie Bahn. Sie können sich auf dem Weltmarkt breit machen. Indonesier, Malaysier und Brasilianer sinken zu Hilfslieferanten ab, sieht man einmal ab von den wenigen tausend Tonnen weißen Pfeffers, für die die indonesische Insel Bangka ein Quasimonopol hat.

Die vietnamesische Position ist nicht zuletzt deshalb so unangefochten, weil die Vinacofa, die vietnamesische Behörde, die für die Regulierung der landwirtschaftlichen Exporte zuständig ist, nicht noch einmal die gleichen Fehler wie auf dem Kaffeemarkt begeht. Die Lektion ist nicht vergessen. So massiv die vietnamesische Produktion auch ist, sie macht nicht den Markt kaputt. Hanoi hat Maß gehalten. Natürlich ist der Pfefferpreis nicht mehr das, was er einmal war. Große Ausschläge sind selten geworden. Schluss mit der Volatilität. Denn angesichts der riesigen Mengen, die in Asien zur Verfügung stehen, haben die Käufer keinen Grund mehr zur Unruhe, zum Spekulieren auf Hausse oder Baisse, zum Spiel mit dem Feuer. Früher riefen die Trader ihre Kunden an und prahlten: »Ich kaufe hundert Dollar unter dem Tageskurs.« Zwei oder drei Anrufe später machte die Information die Runde, und der Kurswert begann zu sinken. Oft glaubte der Verbreiter dieser Nachricht kein Wort von dem, was er erzählte, sondern war im Gegenteil von einer bald einsetzenden Hausse überzeugt. Aber die Baisse, die er eingefädelt hatte, ermöglichte es ihm, große Mengen günstig zu kaufen und ein paar Tage oder Wochen später mit sattem Gewinn wieder loszuschlagen.

Die Hauptleidtragenden unter allen Beteiligten an diesem Spiel waren natürlich die Bauern, und dass sie schlecht informiert waren, machte sie noch schwächer und verletzlicher. Die Inder verschwendeten ihre Zeit nicht für Telefonate mit Indonesiern oder gar Brasilianern. Sie hatten weder die Zeit noch den Willen dazu. Es waren die europäischen und amerikanischen Händler, die die Fäden in der Hand hielten. Ihr Beruf war es, zu telefonieren, Informationen zu sammeln und sie Gewinn bringend umzusetzen. So konnten sie den Markt nach ihrem Gutdünken steuern und durch simples Telefonieren einen Zusammenbruch oder im Gegenteil einen Höhenflug der Kurse auslösen. Früher oder später kam die Wahrheit ans Tageslicht: Entweder gab es Pfeffer im Übermaß oder nicht. Die Holländer, die in dieser Art von Manöver erfahren waren, seitdem ihre Ostindische Handelsgesellschaft im 17. Jahrhundert versucht hatte, sich das Monopol für den Handel mit Gewürzen im Allgemeinen und mit Pfeffer im Besonderen anzueignen, verbrannten sich als Letzte die Finger daran.

Die Holländer, große Händler vor dem Herrn, die sämtliche Sektoren des Weltmarkts für Rohstoffe belieferten – daher die Bedeutung des Hafens von Rotterdam –, haben noch heute eine Schlüsselstellung auf dem Weltmarkt für Pfeffer inne. Zwei große Händler teilen den Kuchen unter sich auf: Katz und Man Producten. Sie sind es gewohnt, bei der Festlegung der Preise das letzte Wort zu haben, was zu heftigen Zusammenstößen mit den Vietnamesen führt. Denn seit vier Jahren lässt sich nur noch über eine Frage spekulieren, nämlich über die Höhe der vietnamesischen Pfefferernte. Fällt sie gut aus, sinken die Kurse. Fällt sie schlecht aus, steigen die Kurse. Wer die Kurse nach unten treiben will, schadet somit wissentlich der vietnamesischen Wirtschaft.

2002 beginnen die Konflikte. In diesem Jahr gehen die Schätzungen der Experten von Man Producten und die der Vietnamesen auseinander. Die Differenz zwischen den Statistiken der Rotterdamer Händler und denen der Funktionäre in Hanoi beläuft sich etwa auf zehntausend Tonnen. Eine gravierende Differenz, denn die vietnamesische Ernte schwankt damals um die sechzigtausend Tonnen. Die holländischen Zahlen erscheinen nicht zuletzt deshalb glaubhaft, weil Man Producten dank einer ganzjährig betriebenen Pfefferverarbeitungsfabrik im Zentrum der vietnamesischen Produktion verankert ist. Für die Vietnamesen hingegen ist klar, dass die Holländer nur einen Kursverfall herbeiführen wollen, indem sie eine Rekordernte vorhersagen und die vietnamesischen Prognosen mit der Begründung, die angekündigte Dürre werde nicht die prophezeiten Folgen haben, in Zweifel ziehen.

Daraufhin veröffentlicht der Präsident der vietnamesischen Pfeffervereinigung einen langen Brief, in dem er die holländische Haltung denunziert, ein außergewöhnlicher Vorgang in der Branche. Er prangert das Verhalten »à la Dickens« der »reichen holländischen Eliten« an und wirft ihnen vor, durch vorgetäuschte Objektivität, Egoismus und mangelndes Mitgefühl die armen Bauern Vietnams noch ärmer machen zu wollen. Es lebe der Klassenkampf! Mit Gebrüll auf die Ausbeuter! Die Heftigkeit der vietnamesischen Reaktion ist leicht verständlich. Die Käufer boten deutlich niedrigere Preise, weil sie den Schätzungen der Holländer mehr Glauben schenkten als denen der Vietnamesen. Der Kurs fiel in den Keller.

Doch Hanoi belässt es nicht bei schlichten Protesten und ruft die International Pepper Community um Hilfe an. Dieser Klub der Pfefferproduzenten mit Sitz in Djakarta in Indonesien organisiert jedes Jahr ein Kolloquium über den Pfeffermarkt und veröffentlicht regelmäßig statistische Erhebungen. Deren Zahlen sind offiziell anerkannt und gelten als Referenzwert für die Branchenkenner.

Ende 2002 rafft sich der Präsident der International Pepper Community auf und bestätigt die Schätzungen Hanois: Die Pfefferernte wird um zwanzig Prozent niedriger ausfallen als ursprünglich geschätzt. Die Holländer ringen nach Luft. Sie versuchen, den Präsidenten der IPC schlecht zu machen: »Seine Erklärungen«, behaupten sie, »entspringen dem Wunsch, Vietnam möge endlich seiner Organisation beitreten.« Den Holländern zufolge treibt den Chef der IPC einzig und allein die Parteinahme für seine Klientel an. Vielleicht war das wahr. Vielleicht hatten auch diejenigen Recht, die an der Wahrhaftigkeit der vietnamesischen Prognosen zweifelten. Allen spukten noch die Rekordzahlen der Kaffeeernten im Kopf herum. Es gab keinen Grund zu der Annahme, dass es sich mit dem Pfeffer anders verhalten würde. Und das Vertrauen, das man den Vietnamesen selbst entgegenbrachte, stand in umgekehrtem Verhältnis zu den unzähligen Schlichen und Windungen, durch die sie sich im internationalen Handel bei der Einhaltung oder Nichteinhaltung von Kontrakten über Kaffee oder Reis auszeichneten. Das Misstrauen war also angebracht.

Jedenfalls wog die Stellungnahme des Präsidenten der International Pepper Community schwerer als alles andere. Für die Trader, für die Makler, für die Industriellen und für die Käufer war damit klar, dass die vietnamesische Ernte nicht so ertragreich wie prognostiziert ausfallen würde. Ein Pfeffermangel zeichnete sich ab. Die Preise würden steigen. Man musste schleunigst kaufen. Alle Welt stürzte ans Telefon, um die vietnamesischen, indonesischen oder malaysischen Lieferanten zu kontaktieren. Natürlich hatten diese ihre Preise erhöht. Die Kurse erholten sich wieder. Sie tauchten aus der Depression auf, in die sie seit dem Auftauchen der Vietnamesen auf dem Pfeffermarkt 2002 gestürzt waren.

Die Vietnamesen, aus Erfahrung klug geworden, beließen es nicht dabei. Da die ganze Welt ihren Pfeffer haben wollte, da alle bei ihnen vor der Tür standen, konnten sie die Käufer bluten lassen. Anstatt ihre Ernte im Eiltempo zu verkaufen, brachten sie sie tröpfchenweise unters Volk. Sie drehten den Hahn zu. Sie nahmen Rache. Binnen weniger Tage verdoppelten sich die Preise und stiegen von 900 Dollar pro Tonne auf fast 2000 Dollar. Die Vietnamesen triumphierten. Die Holländer und alle, die es ihnen gleichgetan hatten, mussten eine bittere Pille schlucken. Denn als vernünftige Geschäftsleute hatten sie in Erwartung einer schwachen vietnamesischen Ernte und sinkender Kurse Verkaufsverträge zu sehr niedrigen Preisen abgeschlossen, für etwa 1000 Dollar pro Tonne, ein Dollar pro Kilo. Die Gesetze des Handels sind unerbittlich. Sie mussten sie befolgen und zum vereinbarten Preis verkaufen. Kaufen aber mussten sie zu dem Preis, den die Vietnamesen diktierten. Und die finanziellen Verluste fielen umso größer aus, als der Pfeffermarkt nicht durch Warenterminmärkte weich abgefedert wird und man sich vor solchen Widrigkeiten nicht schützen kann. Man kann nicht »beim Termingeschäft« wettmachen, was man im »Realen« verliert.

Doch das Spiel war noch nicht zu Ende. Im Januar 2003 wiederholten die Holländer von Man Producten das gleiche Szenario. Wieder sagten sie in ihrem Jahresbericht unter Federführung von Han Herweijer, einem erfahrenen Trader, mit dem allerdings nicht gut Kirschen essen war, eine weltweite Überproduktion von Pfeffer voraus. Mit einer Ernte von 80 000 Tonnen bestätigte sich Vietnams Position als Spitzenreiter der Weltproduktion. Dieses Mal war die Prognose zutreffend. Die vietnamesischen Speicher quollen über vor kleinen schwarzen Körnern. Es war offensichtlich, dass die Pfefferkurse in den Keller fallen würden. Doch nichts dergleichen geschah, ein unerklärliches Phänomen in einer Welt, in der Angebot und Nachfrage uneingeschränkt regierten. Herweijer konnte in seinem Büro in Rotterdam ruhig einen Preisverfall vorhersagen, er konnte toben und auf seinen Überzeugungen beharren, die Vietnamesen hatten offenbar unverschämtes Glück. Die Preise hielten sich.

»Früher oder später«, versicherten die Holländer, »müssen die Vietnamesen die Preise senken. Oder sie finden keine Abnehmer.« Aber die Verantwortlichen für den Pfefferexport kannten alle Tricks und Finessen des Gewerbes. Sie ließen sich nicht aufs Glatteis führen. Natürlich hatten sie Pfeffer. Aber nichts verpflichtete sie dazu, alles sofort zu verkaufen. Hinter verschlossenen Lagertoren saßen sie auf ihren Vorräten und sahen zu, wie die Holländer sich die Lunge aus dem Leib schrien. In Europa und Amerika herrschte rege Nachfrage. Im Juni 2003 waren die Vorräte erschöpft. Eine Panikwelle schwappte über den Markt. Wieder waren die Vietnamesen Herr der Lage. Die Preise stiegen. Die Vietnamesen hielten die Frachter gnadenlos zurück. Keiner verließ das Land. Die Führer der International Pepper Community in Djakarta krümmten sich vor Lachen. Was für eine Freude zu sehen, wie die Vietnamesen den Holländern die Stirn boten. Was für ein Vergnügen zuzusehen, wie sie die Macht auf dem Pfeffermarkt eroberten.

In Rotterdam gab man nicht klein bei. Der vietnamesische Pfeffer galt als überteuert. Man beschloss, die brasilianische Ernte im folgenden Oktober abzuwarten. Vierzigtausend Tonnen würden die brasilianischen Pflanzungen abwerfen. Das würde die Preise sinken lassen. Das würde die Vietnamesen wieder zur Vernunft bringen. Sie würden schon sehen, was sie davon hatten. Und sie sahen es in der Tat. Allerdings nicht das, was die Holländer erwartet hatten. Denn die Brasilianer hatten die vietnamesische Lektion gelernt. Sie verkauften nicht. Während Europäer und Amerikaner eine Lawine von brasilianischem Pfeffer erwarteten, tröpfelte er nur in kleinsten Mengen. Die Preise bewegten sich nicht. Sie blieben dort, wo die Vietnamesen sie haben wollten.

Auf holländischer Seite hatte diese neuerliche kalte Dusche Konsequenzen. Im Gegensatz zu den althergebrachten Gewohnheiten veröffentlichte Man Producten im Januar 2004 keine Schätzung der kommenden vietnamesischen Ernte. Die Fehler der vergangenen Jahre waren zu schmerzlich gewesen. Han Herweijer musste als Hauptverantwortlicher für die schlechten Geschäftszahlen vorzeitig seinen Hut nehmen. Und die britischen Finanziers trennten sich von Man Producten und überließen die Firma ihrer eigenen Leitung.

Die Vietnamesen wiederum gaben im September 2004 in Djakarta ihre Absicht bekannt, der International Pepper Community beizutreten. Manche sahen darin eine Bestätigung ihrer Befürchtungen: Ein Kartell der Pfefferproduzenten war im

Entstehen begriffen. Das war ein wenig vorschnell. Die vietnamesischen Exporteure begnügten sich nicht damit, den Käufern die Preise zu diktieren. Sie wollten auch auf der Erzeugerseite endgültig ihre Vorherrschaft zementieren und falls nötig dafür auch ein paar andere ausschalten. Die ersten Opfer waren die malaysischen Bauern der Region Sarawak. Bei Produktionskosten, die so hoch waren wie der Marktpreis, verdienten sie kein Geld mehr.

Die Regierung von Kuala Lumpur forderte sie auf, sich zusammenzuschließen, um die Kosten zu verringern, und zu warten, bis das Gewitter vorübergezogen wäre. Wird es vorüberziehen? Das darf bezweifelt werden.

6.
Der Mythos vom gerechten Handel

Anfang März 2005 beriefen die Chefs der französischen Baumwollgesellschaft Dagris, die ihrem Unternehmen ein moderneres Image verpassen wollten, um dessen Privatisierung voranzutreiben, eine Pressekonferenz ein. Dort verkündeten sie unter großem Pressewirbel den Start einer Sparte für »fair gehandelte Baumwolle« in Westafrika, die sie mit staatlicher Unterstützung und in Kooperation mit einigen Industriellen Frankreichs und den üblichen Nichtregierungsorganisationen nach monatelanger Vorbereitung aus der Taufe gehoben hatten. Während die weltweite Bauwollproduktion zwanzig Millionen Tonnen weit übersteigt, wovon eine Million aus Westafrika kommt, verpflichteten sich die Führer von Dagris und ihre Gefolgsleute gerade einmal dazu, ein paar Dutzend Tonnen mit so genannten »gerechten« Methoden zu vertreiben. Das Ganze wurde als zukunftsweisendes Ereignis präsentiert. In Wirklichkeit war es nur die letzte Neuauflage einer in manchen Kreisen der Industrieländer sehr geschätzten Idee, wie man das Angenehme mit dem Nützlichen verbinden kann: indem man beim Einkaufen gegen die Unterentwicklung kämpft.

Die Bewegung des Fair Trade, des gerechten oder solidarischen Handels, entstand in den Sechzigerjahren in Kreisen, die der katholischen Kirche nahe standen, und widmete sich zunächst dem Vertrieb von handwerklichen Erzeugnissen aus

Ländern der Dritten Welt. Sie beruht auf der nur sehr vage definierten Idee von Gerechtigkeit des amerikanischen Philosophen John Rawls. Doch erst in den Achtzigerjahren tritt sie durch die Erschütterungen auf dem Kaffeemarkt ins Bewusstsein der Öffentlichkeit. Seitdem hat sich dieses Phänomen unaufhaltsam ausgebreitet.

Das Prinzip ist einfach: Man fordert den Verbraucher auf, mehr für sein Päckchen Kaffee oder seine Tafel Schokolade zu bezahlen, damit der Bauer, der am Anfang der Produktionskette steht, besser entlohnt wird. So kann dieser seinen Lebensunterhalt anständig verdienen. Die Bewegung wird von zahlreichen Nichtregierungsorganisationen getragen. Eine der aktivsten in Europa hat ihren Ursprung in Holland. Die Max-Havelaar-Stiftung, deren Name sich von einem Helden der batavischen Kolonialliteratur ableitet, hat sich besonders für die Popularisierung des gerechten Handels eingesetzt. Sie ist in zahlreichen europäischen Ländern tätig und bestätigt mit ihrem Siegel, dass das Päckchen Kaffee, Reis oder Schokolade, das in den Regalen der großen Supermärkte landet, tatsächlich nach den Prinzipien des fairen Handels produziert wurde. Sie garantiert, dass der Exporteur dem Bauern einen Festpreis bezahlt.

Die Differenz zu den Weltmarktpreisen ist nicht unbeträchtlich. Während die Kaffeekurse an der New Yorker Börse 2004 um siebzig Cent für das Pfund schwankten, nahmen ihn amerikanische oder europäische Organisationen an ausgewählten Standorten in Nicaragua und Guatemala wie in ganz Lateinamerika einigen Genossenschaften und Bauerngemeinschaften zum doppelten Preis ab. Das verschaffte diesen Bevölkerungsgruppen einen höheren Lebensstandard und ermöglichte den Ausbau von Transportnetzen und Lagern, den Bau von Schulen und Krankenhäusern und die Verlegung von Stromleitungen und fließendem Wasser. In einer Genossenschaft in Mexiko, im Bundesstaat Oaxaca, die an das Netzwerk des fairen Handels angegliedert ist, haben sich 16 000 Produzenten zusammengeschlossen.

Selbst nach Haiti, wo die Kaffeeproduktion unaufhörlich zurückgeht, ist der gerechte Handel vorgedrungen: Jedes Jahr gelingt es neun Genossenschaften aus der Region von Cap-Haïtien im Norden des Landes, ein paar Container mit gewaschenem Arabica zu exportieren, der unter Kaffeeliebhabern als qualitativ hochwertig gilt. Dank der Einnahmen aus diesen Verkäufen konnten die Dorfbewohner eine Brücke über einen Fluss bauen, einige Klassenzimmer in einer Schule einrichten und ein festes Dach über dem Marktplatz zum Schutz der einheimischen Kleinhändler errichten. All diese Verbesserungen des Alltagslebens wären unmöglich gewesen, wenn der Kaffee auf der Basis der Weltmarktkurse aufgekauft worden wäre. Die Männer und Frauen, die davon profitieren, haben das Gefühl, dass die Welt ihnen mehr Anerkennung zollt. Die Käufer der fair gehandelten Waren wiederum verpflichten ihre Lieferanten, einen sehr präzisen Katalog von Bedingungen zu erfüllen. Kinderarbeit, Zwangsarbeit und Verletzungen der Menschenrechte sind verboten. Die Genossenschaften, notwendige Vermittler zwischen den Kleinbauern und dem Markt, müssen korrekt und ehrlich verwaltet werden. Will man sein Einkommen noch um ein paar Cent aufbessern, die auf den »gerechten« Preis draufgelegt werden, dann ist es außerdem ratsam, dass man seinen Kaffee oder Kakao biologisch anbaut, denn das bevorzugen die Verbraucher in den großen Metropolen der Welt.

Die Medien schlagen bereitwillig in die gleiche Kerbe. In Fernsehsendungen und Zeitungsartikeln werden bis zum

Überdruss die positiven Auswirkungen dieses neuartigen Handels geschildert. Nur wenige große Supermärkte bieten dem großzügigen Verbraucher keine fair gehandelten Kaffeepäckchen oder Schokoladetafeln an. Nicht weniger als 35 000 europäische Supermärkte haben für ihre Kunden gerecht gehandelten Kaffee im Angebot. Im Zentrum der Großstädte, in London wie in Paris, in Los Angeles wie in Berlin, blüht das Geschäft der Kaffeebars mit fairem Kaffee auf der Karte. Der Kunde sitzt bequem in seinem Ledersessel und erfährt unweigerlich, was er trinkt. In der Rue Saint-André-des-Arts in Paris klären ein paar geschickt platzierte Tafeln ausführlich über die Verdienste dieses Hauses auf und schildern die Vorteile, die die Kleinbauern in Guatemala oder Ruanda daraus ziehen. Außerdem wird ihr Kaffee in großen Glasgefäßen, die auf dem Tresen thronen, zur Schau gestellt. Wer diesen Kaffee trinkt, diese gerösteten Bohnen sieht und ihre Geschichte liest, der ist bereits hautnah dran an der bäuerlichen Wirklichkeit und trägt sein Scherflein zur Anprangerung jenes liberalen Handels bei, der die Kleinbauern ruiniert. Er leistet einen Beitrag zur Entwicklung einer lebensfähigen ökonomischen Alternative.

Deutschland und die Niederlande sind die europäischen Länder, in denen der fair gehandelte Kaffee den größten Marktdurchbruch erlebt hat. Großbritannien liegt nicht weit dahinter. Insgesamt gesehen aber hat der Fair Trade in der Schweiz die größten Erfolge zu verzeichnen. Coop, eine der zwei wichtigsten Supermarktketten, hat sich voll und ganz diesem Grundsatz verschrieben. Mehr als die Hälfte der in der Schweiz konsumierten Bananen kommen aus dem fairen Handel. Dass ein multinationales Unternehmen wie Chiquita, das für die Brutalität seiner sozialen und ökologischen Praktiken bekannt ist, Marktanteile verliert, wird kaum jemanden zum

Weinen bringen. Man muss allerdings feststellen, dass die wenigen zehntausend Tonnen Bananen, die in der Schweiz konsumiert werden, im Vergleich mit den vier Millionen Tonnen des europäischen Markts, um nur einmal davon zu sprechen, kaum ins Gewicht fallen. Tatsächlich erscheint es paradox, dass der gerechte Handel ausgerechnet im konservativsten europäischen Land am besten aufgenommen wurde, einem Land, das zu den glühendsten Verfechtern eines liberalen Kapitalismus und des Bankgeheimnisses zählt und in dem sich zu guter Letzt viele multinationale Konzerne des Rohstoffhandels, Kaffeeröster und Kakaomahlwerke niedergelassen haben.

Gerechte Fragen

Wir nähern uns nun dem Moment, da wir ein Verbrechen begehen werden, indem wir den fairen Handel infrage stellen und aufhören, ihn als allein selig machende Wunderwaffe in den Himmel zu heben. Denn wir werden so bombardiert mit publikumswirksamen Aktionen zugunsten des fairen Handels, regelmäßig in »Wochen des fairen Handels« bearbeitet und mit Fernsehberichten zugetextet, die die eine oder andere Organisation in den Himmel loben und in mitleidsvollem Ton die Verzweiflung der Kleinbauern und ihre Erleichterung angesichts der guten Preise schildern, die ihnen nun geboten werden, wir sind so geblendet von den Werbekampagnen der großen Supermärkte, die angeblich hunderttausende von gerecht gehandelten Kaffeepäckchen verkaufen, dass wir darüber fast die entscheidenden Tatsachen vergessen: Im weltweiten Handelsmaßstab ist die »faire« Marktnische absolut bedeutungslos. 2003 war das am häufigsten gehandelte Produkt des gerechten Handels der Kaffee: 19 000 Tonnen wurden über den gerechten Handel in die Regale der Verbraucherländer geschleust. Doch das macht nur 0,3 Prozent der jährlichen Kaffeeernte aus, die sich auf etwa 6,5 Millionen Tonnen beläuft. Und die »hunderttausende von Päckchen« der französischen Supermärkte schrumpfen auf ein paar hundert Tonnen zusammen.

Das hindert die gerechten Kämpfer nicht daran, sich an den zig Millionen Dollar zu berauschen, die durch ihre Aktivitäten erwirtschaftet werden. »Im Einzelhandel machen wir 500 Millionen Dollar«, erklären manche von ihnen. Doch der Realitätsgehalt dieser Rechnung lässt sich schnell überprüfen. Tatsächlich bringen die 19 000 im gerechten Handel verkauften Tonnen den Bauern nur 40 Millionen Dollar mehr ein, als sie im normalen Vertriebsnetz erhalten hätten. Wenn die geniale Idee dieser gerechten Kämpfer, wie sie uns immerzu vorbeten, 550 000 Menschen zugute kommt, dann macht das 72 Dollar pro Kopf und Jahr. Sechs Dollar oder fünf Euro im Monat. Was für ein umwerfendes Ergebnis.

Obwohl die Kaffeemengen, die im Fair Trade gehandelt werden, bedeutungslos sind und in keinem Verhältnis zu dem Brimborium stehen, das um sie veranstaltet wird, versuchen seine Anhänger mit allen Mitteln, uns von der Wichtigkeit dieser Bewegung zu überzeugen. »Wenn wir in unserem Kampf nicht ein gewaltiges Wachstumspotenzial in Aussicht stellen würden, würden die Supermärkte uns links liegen lassen«, verteidigen sich die Wortführer des gerechten Handels. Mag sein. Aber die riesige Medienblase, die dieses Modephänomen umgibt, hat auch noch andere Folgen. Sie macht uns glauben, dass der gerechte Handel eine Alternative zum derzeitigen Welthandel ist, dass die heute herrschenden Kreisläufe morgen durch solidarische Kreisläufe ersetzt werden können. Um es deutlich zu sagen, dass Nestlé, Kraft Jacob Suchard, Sara Lee, Neumann, Rothfos, Ed & F Man, die mächtigen multinationalen Konzerne der Kaffeeröster und -händler, zum Untergang verurteilt sind, weil sie von den kleinen Vertriebsorganisationen verdrängt werden, die sich heute hinter dem Banner der Gerechtigkeit sammeln.

Das ist eine faustdicke Lüge. Angesichts der heute herrschenden Kräfteverhältnisse ist es unvorstellbar, dass sich in absehbarer Zukunft eine derartige Umwälzung vollzieht. Zunächst einmal, weil wir in einer Welt leben, in der die Jagd nach den niedrigsten Preisen keine Grenzen kennt. Das beweist der Erfolg der »hard discount«-Anbieter. Wie soll man sich vorstellen, dass in diesem Run auf die kleinen Preise den teureren Produkten des Fair Trade eine glanzvolle Zukunft bevorsteht? Das hieße vergessen, dass die internationale Wirtschaft ein Krieg ist, ein Schützenkrieg, in dem alle Waffen erlaubt sind. Die gewaltigen Kräfte, die dort entfesselt werden, werden niemals durch ein paar Dutzend Firmen oder Vereine im Zaum zu halten sein, die den »fairen Handel« verteidigen.

Der Begriff der Gerechtigkeit ist so verschwommen und theoretisch so wenig erforscht, dass die Produzenten und die Konsumenten des gerechten Handelsnetzes die Tragweite und den Sinn dieser Initiative nicht auf die gleiche Weise interpretieren. Vor kurzem beschloss ein Importeur des gerechten Handels, aufgebracht über die Explosion der Gewinne, die seine lateinamerikanischen Lieferanten aus der Entwertung des Dollars im Verhältnis zum Euro zogen, ohne Absprache, diese Genossenschaften zukünftig in Dollars und nicht mehr in europäischer Währung zu bezahlen. Solange die Bauerngenossenschaften in Euro bezahlt wurden, lagen ihre Gewinne nach

Abzug der Wechselgebühren deutlich über den vereinbarten Einkünften. Der drastische Einbruch ihrer Einnahmen führte naturgemäß zu Protesten der Genossenschaften, die am Ende allerdings klein beigeben mussten. Denn wie immer, und daran kann auch der gerechte Handel nichts ändern, ist der Verbraucher in Zeiten eines Angebotsüberschusses Herr über das Geschehen. Dass es zwischen Lieferanten und Abnehmern des Fair Trade Spannungen gibt, liegt auf der Hand. Den Ersteren ist vor allem daran gelegen, neue Absatzmöglichkeiten auf den Weltmärkten zu finden, wie auch immer diese aussehen mögen. Die Zweiten wollen zur Entwicklung der Länder der Dritten Welt beitragen.

Auch das ist eine heikle Behauptung, denn im Gegensatz zu dem, was man uns weismachen will, profitieren nicht die ärmsten und elendsten Bauern vom Fair Trade. Meistens sind die Nutznießer intakte und dynamische bäuerliche Gemeinschaften, die bereits ein recht hohes Ausbildungsniveau erreicht haben. Nur sie sind dazu in der Lage, den Kontakt mit den NGOs zu pflegen, die den gerechten Handel fördern, und die kommerziellen Probleme und technischen Kontrollen zu bewältigen, mit denen sie konfrontiert werden. Der gerechte Handel trägt also unfreiwillig dazu bei, die Ärmsten noch weiter an den Rand zu drängen. Zudem verleitet die jeder menschlichen Struktur innewohnende Logik der Macht die Kooperativen dazu, dass sie einen wachsenden Teil des gerechten Preises einbehalten. Gewiss trägt das zur Stärkung der Organisation und zum Ausbau kollektiver Infrastrukturen bei. Aber der Kleinbauer am Ende der Kette bekommt schließlich wie immer nur so viel, wie man ihm gnädigerweise zugesteht. Im Durchschnitt werden von den 140 Cent, die offiziell für jedes Pfund Kaffee bezahlt werden, fünfzig Cent von der Kooperative einbehalten. Diese Rückstellungen erklären, weshalb manche Bauern, insbesondere in Chiapas im Süden Mexikos, vor dem gerechten Handel zurückscheuen, wie von Forschern bereits festgestellt wurde.

Im Gegensatz zu der von seinen Verfechtern unterschwellig behaupteten Idee hat der gerechte Handel also nichts Revolutionäres. Er führt nicht zu einem Umsturz der internationalen Ökonomie. Man trägt nicht zum Aufbau einer besseren Welt morgen oder übermorgen bei, indem man ein Päckchen Kaffee mit dem Siegel Max Havelaar kauft. Vielmehr kommt diese Darstellung der Dinge einem regelrechten intellektuellen Betrug gleich. Der gerechte Handel ist nicht nur unfähig, mit den üblichen kommerziellen Vertriebswegen zu konkurrieren; er stützt sich sogar auf diese, weil er nur sehr partiell die Kette der Zwischenhändler infrage stellt, die die Kaffeebohnen von den Produzenten zu den Verbrauchern befördern.

Gewiss, die Umtriebe der zentralamerikanischen »Kojoten«, die die Kaffeesäcke der Kleinbauern vom Wegrand zu den Sammelstellen befördern, werden dadurch eingeschränkt. Dafür aber betritt ein neuer Akteur auf Seiten der Verbraucher die Bühne, der »Zertifikator«, eine Rolle, die Vereinigungen wie die von Max Havelaar übernehmen. Wie so oft in der Welt der Verbände ist diese Organisation Richter und Partei zugleich. Sie fördert die Entwicklung des gerechten Handels. Sie organisiert zahlreiche Werbekampagnen und stützt sich dabei auf die Anwesenheit von Kleinbauern. Gleichzeitig lebt sie von der Zertifizierung. Die Experten, die sie zur Kontrolle der Kooperativen in alle Winkel der Welt schickt, werden dafür bezahlt. Ihre Ausgaben müssen ersetzt werden. Diese Mittel werden finanziert, indem bei jedem Produkt des gerechten Handels, das unter dem Label Max Havelaar in den Handel kommt, eine bestimmte

Summe einbehalten wird. Falls nötig, werden Defizite durch öffentliche Subventionen ausgeglichen. Der gerechte Handel vollführt somit einen regelrechten Taschenspielertrick, indem er einen Mittelsmann durch einen anderen ersetzt und die Kette der internationalen Handelsbeziehungen nur in geringem Maß durcheinander bringt. Unverändert finden sich darin der Exporteur, der Händler, der Kaffeeröster und der Endverkäufer. »Wir haben uns ein wenig auf faire Produkte verlegt«, gestand ein europäischer Händler Ende 2004. »Damit kann man im Augenblick gut Geld machen.« Aus gutem Grund: Die Gewinnspannen der einen sind so beträchtlich wie die der anderen.

Die Multis mischen sich ein

Zudem weiten immer mehr große Konzerne auf der Suche nach einem neuen Jagdrevier ihre Geschäfte auf den Bereich des gerechten Handels aus. Die erste Annäherung geschieht dabei oft noch vorsichtig, ohne viel Getöse. Mitte 2003 berichtete die Tageszeitung *Sud-Ouest* von der sympathischen Initiative eines Schokoladenfabrikanten aus Bordeaux: Er begann fair gehandelte Schokolade zu verkaufen. Ein Detail allerdings, das den Konsumenten entgehen musste, passte nicht so recht ins Bild. Dieser Schokoladenfabrikant, ein hervorragender Fachmann übrigens, bezog Kakaomasse und Kakaobutter – die beiden Verarbeitungsprodukte des Kakaos, aus denen Schokolade hergestellt wird – bei der weltweiten Nummer eins dieser Spezialität, der Schweizer Firma Barry Callebaut. Ein in London dazu befragter Trader fiel beinahe in Ohnmacht. Für ihn war Barry Callebaut im Reich des gerechten

Handels vergleichbar mit Al Capone bei den armen Klosterschwestern.

Die Empörung dieses mit allen Wassern gewaschenen Profis, der auf sämtlichen Märkten zu Hause war und in allen Produktionsländern gelebt hatte, erklärt sich aus der Tatsache, dass das multinationale Schweizer Unternehmen seiner Ansicht nach mit aggressivsten Methoden auf dem Kakaomarkt zu Werke ging. Es spekulierte systematisch und auf Kosten der Produzenten, insbesondere der Elfenbeinküste, auf Baisse. Dass nun ausgerechnet dieses Unternehmen in die Rolle des Saubermanns schlüpfte, indem es den gerechten Handel proklamierte, war allerdings eher grotesk.

Beispiele für diese Art von Manipulation gibt es zuhauf. Der multinationale Konzern Procter and Gamble, einer der großen Waschmittelproduzenten der Erde und außerdem über sein Tochterunternehmen Philip Morris auch einer der Hauptakteure auf dem Kaffeemarkt, brachte 2003 unter dem Etikett Millstone einige Marken gerecht gehandelten Kaffees auf den Markt. Dieser Kaffee, der zunächst nur im Internet verfügbar war, kommt jetzt allmählich auch in den Handel. Aber niemand wird deshalb ernstlich glauben, dass die Chefs dieses Multis nun eine globale Kehrtwendung vollziehen und die gesamte Kaffeeproduktion in der Marktnische des fair gehandelten Kaffees ansiedeln werden.

Ein weiteres Beispiel für solche Manipulationen findet sich im *Journal du dimanche* vom 9. September 2004. Der Leser wird darin mit den mildtätigen Werken des französischen Schokoladeherstellers Cémoi bekannt gemacht, der, wie es hieß, »gerechte« Schokolade in den Hypermarchés Frankreichs ins Regal stellte. Der Kakao kam aus Ecuador, wo die Teams von Cémoi seit etwa zehn Jahren eng mit den Forschern des Cirad, des Zentrums für internationale Kooperation in der agronomischen Forschung und Entwicklung, zusammenarbeiteten. Durch Fotos belegt erfuhr man, dass das französische Unternehmen gut bezahlte, 300 Dollar im Monat für die Kleinbauern, womit diese für die Ausbildung und die Gesundheit ihrer Familie sorgen konnten.

Die Verkaufszahlen der Schokolade von Cémoi stiegen sprunghaft an. 2004 kaufte die Cémoi den Bauern in Ecuador aus der Region San José de Tambo, unweit von Guayaquil, dem großen Hafen und der wirtschaftlichen Hauptstadt des Landes, 25 Prozent mehr Kakao ab. Was den Verkauf im Jahr 2004 auf sagenhafte 812 Tonnen ansteigen ließ. Der Leser konnte sich zu Recht freuen. Endlich einmal eine französische Firma, die nicht der Stiftung von Max Havelaar angehörte und sich trotzdem im fairen Handel engagierte. Bei der Lektüre des Artikels konnte man wirklich glauben, dass der gerechte Handel einen echten Aufschwung erlebte.

Allerdings hätten die Chefs von Cémoi der Vollständigkeit halber noch darauf hinweisen müssen, dass sie zwar 800 Tonnen Kakaobohnen zu einem fairen Preis kauften, aber nur weil sie 40 000 Tonnen zum Marktpreis in der Elfenbeinküste erwarben. Anders gesagt, das Manöver der Cémoi in Ecuador diente, so sympathisch und so nützlich es für ein paar Dutzend ecuadorianische Bauern auch war, in erster Linie als Werbefeldzug und zur Imageverbesserung des französischen Unternehmens, das ganz »vergaß«, auf das klassische Verfahren einzugehen, nach dem es in Abidjan vorging – das bestimmt keine Verurteilung, aber auch keine Lobeshymnen verdient.

Schlimmer noch, wenn der faire Handel unkontrolliert praktiziert wird, kann er als Vorwand für regelrechte Betrügereien dienen und schlimmen Schaden anrichten. Im Jahr 2003 reiste ein französischer Importeur nach Laos in eine Kaffeeanbauregion, in der normalerweise 450 Tonnen produziert wurden. Der Mann versprach das Blaue vom Himmel, und die laotischen Bauern glaubten ihm. Sie weigerten sich, an die anderen Exporteure zu verkaufen, die nur den Marktpreis boten, das heißt viel weniger. Einige Wochen später kam der großzügige Käufer wieder. Von den 450 Tonnen nahm er gerade einmal fünf ab. Der Rest musste verschleudert werden. In der Zwischenzeit nämlich waren die Weltmarktpreise gefallen, und die Qualität der Kaffeebohnen war gesunken.

Insofern ist es begreiflich, dass der faire Handel auf Seiten der Erzeuger nicht immer auf ungeteilte Begeisterung stößt. Innerhalb der Internationalen Kaffeeorganisation hält man sich offiziell bedeckt. Die Organisation hat sich bereits der nebulösen Theorie einer nachhaltigen Entwicklung verschrieben. Es ist daher schwierig für sie, offiziell gegen den gerechten Handel Stellung zu beziehen. Ihr Geschäftsführer Nestor Osorio beweist bei diesem Thema, dass er perfekt Phrasen dreschen kann. Doch man muss nur ein wenig an der Oberfläche kratzen, um bei manchen Delegierten einen erbitterten Widerstand gegen den fairen Handel zu entdecken.

Das gilt beispielsweise für den Vertreter von Papua-Neuguinea. Papua-Neuguinea teilt sein Territorium im Wesentlichen mit dem indonesischen Irian Jaya und ist ein unterentwickeltes, armes Land. Die Bevölkerung lebt hauptsächlich von Landwirtschaft. Vanille- und Kakaoanbau erleben allmählich einen deutlichen Aufschwung. Das Land exportiert außerdem jedes Jahr etwa 60 000 Tonnen Kaffee. Dieser wird auf kleinen Plantagen angebaut, in denen die Bauern nur mühsam ihren Lebensunterhalt verdienen. Immerhin aber haben sie ein Auskommen, und keiner verhungert. Landlose Bauern sind selten.

Die sozialen Sicherungssysteme sind relativ weit entwickelt; sie sichern die Ernährung, gewähren aber keinen Zugang zu gängigen Konsumgütern oder guten Krankenhäusern. Noch weniger zu einer höheren Schulbildung für die Kinder. Man könnte also meinen, dass Mick Wheeler, der Vertreter Papua-Neuguineas bei der Internationalen Kaffeeorganisation in London, sich glücklich schätzen würde über die Initiativen des gerechten Handels und hocherfreut wäre darüber, dass einige seiner Landsleute eines Tages ihren Lebensstandard dank des verdienstvollen Einsatzes ehrenamtlicher Helfer oder etablierter NGOs verbessern könnten. Doch das Gegenteil ist der Fall. Befragt man Mick Wheeler zu diesem Thema, löst man heftigen Unmut aus.

Nach Wheelers Ansicht schadet der gerechte Handel den Interessen der Bauern in seinem Land extrem. »Sehen Sie sich nur die Werbekampagnen an, die die Verfechter des fairen Handels inszenieren«, sagt er. »Auf dem Plakat sieht man einen Kaffeetrinker, der das Gesicht verzieht. Soll heißen, dass die Bauern einen zu niedrigen Preis für ihren Kaffee bekommen. Dass man ihn also nicht kaufen soll. Diese Kampagnen«, fährt Wheeler fort, »fördern also nur ein negatives Image des Kaffees.« Wen wundert es da noch, dass der Konsum zurückgeht, wie es augenblicklich der Fall ist. In England oder Deutschland ist der Kaffeeverbrauch rückläufig. Es wäre sicher übertrieben, die ganze Verantwortung dafür den Kampagnen des gerechten Handels anzulasten. Doch Mick Wheelers Zorn gilt noch anderen Dingen. Er stellt fest, dass Oxfam, die große britische NGO, einerseits zum Imageverlust des im normalen Handel verkauften Kaffees beiträgt, indem sie aktiv die Kampagnen des gerechten Handels unterstützt. Auf der anderen Seite versucht dieselbe Oxfam, aus dem positiven Image der fair gehandelten

Produkte Profit zu schlagen, indem sie Ende 2004 im Süden Londons und in Schottland eine Kette von Coffee-Shops eröffnet, in denen man Kaffee mit dem Siegel Fair Trade aus Honduras, Äthiopien und Indonesien trinken kann. Für Mick Wheeler verhält Oxfam sich schlicht und einfach wie ein Marktteilnehmer, der nach allen Regeln des Wettbewerbs agiert, ein Produkt herabsetzt, um ein anderes besser zu positionieren, und in gewisser Weise weit über seine humanitäre Rolle hinausgeht.

Der Finger, der den Wald verbirgt

Letzten Endes verbessert der gerechte Handel das Los einer Hand voll Produzenten. Doch das Brimborium, das in den Verbraucherländern um dieses Phänomen veranstaltet wird, trägt nur zur Verschleierung der wahren Probleme bei, die durch die Abschaffung der großen internationalen Übereinkommen und der nationalen Ausgleichsfonds, sofern solche vorhanden waren, aufgeworfen wurden. Die Umschichtungen unter den Erzeugerländern – zugunsten Brasiliens und Vietnams, aber auf Kosten der Afrikaner und Zentralamerikas – sowie der signifikante Rückgang des Konsums in den großen europäischen Ländern werden unter den Teppich gekehrt.

Durch ihren mildtätigen Weichspülerdiskurs machen die Anhänger des gerechten Handels sich zu Komplizen der großen multinationalen Unternehmen, die die Situation ausnutzen. Die Heuchelei ist mittlerweile bis in die Flure des Palais Bourbon vorgedrungen: In der französischen Nationalversammlung wird nur noch fair gehandelter Kaffee gekauft. Zwischen zwei Debatten und zwei Kommissionen schlürfen die Abgeordneten einen Kaffee, der den Beigeschmack von Mitgefühl hat, was gewiss einfacher ist, als eine politische Lösung des Problems herbeizuführen.

Man muss feststellen, dass es nicht gelungen ist, durch die Verbindung von Idealismus und Empirismus die großen politischen Fragen auf die Tagesordnung zu bringen, die die politischen und wirtschaftlichen Führer des Planeten hätten aufrütteln können, ganz im Gegenteil. Einzig der Bereich Baumwolle wurde wirklich angegangen. Allerdings nur deshalb, weil die Führer der betroffenen afrikanischen Staaten sich gegen die Vereinigten Staaten und Europa stellten und weil sie darin tatkräftig von den in diesem Kampf engagierten NGOs unterstützt wurden. Was die Situation auf dem Kaffeemarkt angeht, so sind die Verantwortlichen der Organisationen des Fair Trade zu sehr damit beschäftigt, ihre kleinen Geschäfte zum Gedeihen zu bringen, um sich mit grundlegenden Fragen zu beschäftigen. Mit ihren Pfadfinderspielchen haben sie der überwältigenden Mehrheit der 25 Millionen Kaffeeproduzenten einen schlechten Dienst erwiesen. »Genug damit!«, möchte man ihnen am liebsten zurufen.

Das heißt nicht, dass man die Kaffee-, Kakao- und Baumwollproduzenten der tropischen Länder mit dem Weltmarkt allein lassen soll. Die Deregulierung, die seit Beginn der Achtzigerjahre stattgefunden hat, trägt maßgeblich zum Ruin der Bauern und der Nationalstaaten bei. Die Verbraucher am anderen Ende der Kette wiederum kaufen weniger, weil die Qualität des angebotenen Produkts sinkt. Das bestehende System ist folglich ineffektiv, weil es schlecht geregelt ist. Die asymmetrischen Machtverhältnisse zwischen Konsumenten und Produzenten, die der gerechte Handel nicht antastet, ermöglichen kein reibungsloses Funktionieren des Markts. Dabei erleben wir gerade erst den Beginn der Krise. Im Lauf der nächsten Jahre wird die Instabilität der Kurse noch zunehmen, denn der Einfluss der spekulativen Investitionsfonds dürfte noch beträchtlich wachsen. Der Preis dieser Nahrungsmittel wird immer weniger von den Bedürfnissen der Produzenten bestimmt werden und immer mehr von den Direktiven der Investitionsfonds und ihrer Aktionäre. Es wäre selbstmörderisch zuzulassen, dass das System sich so weiterentwickelt. Man muss dringend eine Reihe von Maßnahmen zum Schutz der Bauern ergreifen. Allerdings scheint eine Rückkehr zum System der Quoten in der derzeitigen politischen Konstellation unmöglich zu sein.

Warum sollte man dann aber nicht fordern, dass die Kaffeebauern an den Gewinnen beteiligt werden, die die multinationalen Unternehmen in den Industrieländern realisieren? Warum nicht fordern, dass ein Teil der von den Einfuhrländern auf den Verbrauch von Kaffee, Kakao oder Baumwolle erhobenen Steuern in einen Fonds fließt, eine Art weltweite Ausgleichskasse? Die entsprechende Organisation existiert im Übrigen bereits. Der Gemeinsame Fonds für Rohstoffe, der 1980 von den Vereinten Nationen als Koordinationsgremium für die mittlerweile verschwundenen Ausgleichsfonds gegründet wurde und dem die meisten großen Industriestaaten angehörten, könnte zu diesem Zweck wieder belebt werden. Seine Statuten könnten unverändert bleiben. Wird nicht in Artikel 3 des Übereinkommens zur Gründung des Gemeinsamen Fonds für Rohstoffe bereits festgeschrieben, dessen Ziel sei es, »zur Finanzierung der internationalen Regulierungsvorräte beizutragen oder andere Maßnahmen als Lagerhaltung im Sektor dieser Rohstoffe zu finanzieren«? Dieser Fonds würde keine Lager unterhalten und keinerlei regulierende Funktion zwischen Angebot und Nachfrage ausüben. Die Gelder würden jedes

Jahr entsprechend ihren Exporten, die der Kontrolle der NGOs unterlägen, unter den verschiedenen Erzeugerländern aufgeteilt. Aufgabe der NGOs wäre es dann, die endgültige Verwendung dieser Gelder zu überwachen.

Es ist nicht verboten zu träumen, dass eine derartige internationale Konstruktion den Produzenten einen bescheidenen Lebensunterhalt sichern könnte, ohne deshalb die Ausgleichskassen wieder in den Sattel zu heben, von denen die internationalen Geldgeber nichts mehr wissen wollen. Es steht nicht zur Debatte, den herrschenden Liberalismus frontal zu attackieren. Ein solches Vorhaben scheint angesichts der Wucht der über uns hereinbrechenden Welle unmöglich. Ziel muss es vielmehr sein, ihn so zu entschärfen, dass die Erträge des internationalen Wirtschaftsbetriebs auch denjenigen zugute kommen, die sich aufgrund ihrer Herkunft und ihrer geographischen Lage in einer schwachen Position befinden.

Bibliografie

Bates, Robert H.: *Open-Economy Politics: The Political Economy of the World Coffee Trade*. Princeton University Press, 1997.

Gombeaud, Jean-Louis; Moutout, Corinne; Smith, Stephen: *La Guerre du cacao: histoire secrète d'un embargo*. Calmann-Lévy, Paris, 1990.

Goreux, Louis: *Réformes des filières cotonnières en Afrique subsaharienne*. 2003 vom französischen Außenministerium und der Weltbank veröffentlichte Untersuchung.

Hanak Freud, Ellen; Petithuguenin, Philippe; Richard, Jacques: *Les Champs du cacao. Un défi de compétitivité Afrique-Asie*. Cirad/Paris, Montpellier, 2000.

Marcos (Subcomandante); Le Bot, Yvon: *Le Rêve zapatiste. Entretien avec Yvon Le Bot*. Le Seuil, Paris, 1997.

Mazoyer, Marcel; Roudart, Laurence: *Histoire des agricultures du monde, du néolithique à la crise contemporaine*. Le Seuil, Points, Paris, 2002.

Minc, Alain: *Les Prophètes du bonheur. Une histoire personnelle de la pensée économique*. Grasset, Paris, 2004.

Raynolds, Laura T.: *Poverty Alleviation Through Participation in Fair Trade Coffee Networks: Existing Research and Critical Issues*. Colorado State University, 2004.

Ruf, François; Lançon, Frédéric (Hrsg.): *From Slash-and-*

Burn to Replanting: Green Revolutions in Indonesian Uplands. World Bank Regional and Sectoral Studies, Washington, D. C., 2004.

Ruf, François; Gérard, Françoise (Hrsg.): *Agricultures en crise. Populations, matières premières et ressources naturelles en Indonésie: 1996–2000*. Cirad/Paris, Karthala, Montpellier, 2001.

Stiglitz, Joseph E.: *Die Roaring Nineties. Der entzauberte Boom*. Siedler Verlag, München, 2004.

Stiglitz, Joseph E.: *Die Schatten der Globalisierung*. Siedler Verlag, München, 2002.

Französisches Außenministerium: *Mémento de l'agronome*. Cirad/Paris, Gret, Montpellier, 2003.

Danksagung

Dieses Buch verdankt seine Entstehung einer Idee von Thierry Perret. Es wäre nicht zustande gekommen ohne die beständige Unterstützung und die unerbittliche Lektüre meiner Frau. Unzählige Händler, Makler, Banker, Reeder, Frachtunternehmer und Versicherer, die alle anonym bleiben wollen, haben zu diesem Werk beigetragen. Michel Boris erwies sich als unentbehrlicher Archivar. Ginette Polimène hat einige Stellen überarbeitet.